走进宪法

ZOU JIN XIAN FA

莫纪宏/主编

法律出版社
LAW PRESS · CHINA
北京

图书在版编目(CIP)数据

走进宪法 / 莫纪宏主编. -- 北京：法律出版社，2023（2024.9重印）
ISBN 978-7-5197-5727-4

Ⅰ. ①走… Ⅱ. ①莫… Ⅲ. ①宪法—中国 Ⅳ. ①D921

中国版本图书馆CIP数据核字（2021）第122655号

走进宪法
ZOUJIN XIANFA

莫纪宏 主编

策划编辑 朱 峰
责任编辑 苗 婕 李天一
装帧设计 鲍龙卉

出版发行 法律出版社
编辑统筹 辞书·融出版编辑部
责任校对 晁明慧
责任印制 吕亚莉
经 销 新华书店

开本 787毫米×1092毫米 1/16
印张 8.25 字数 120千
版本 2023年9月第1版
印次 2024年9月第3次印刷
印刷 北京盛通印刷股份有限公司

地址：北京市丰台区莲花池西里7号（100073）
网址：www.lawpress.com.cn
投稿邮箱：info@lawpress.com.cn
举报盗版邮箱：jbwq@lawpress.com.cn

销售电话：010-83938349
客服电话：010-83938350
咨询电话：010-63939796

书号：ISBN 978-7-5197-5727-4
定价：68.00元
凡购买本社图书，如有印装错误，我社负责退换。电话：010-83938349

编委会

序　言

1954年9月20日，第一届全国人民代表大会第一次会议审议通过了《中华人民共和国宪法》，这是新中国的第一部宪法，也是真正意义上在中国共产党领导下由人民自己制定的宪法。1954年宪法的重要意义在于它第一次以根本法的形式确立了新中国的社会结构和政权组织形式，建立了作为我国根本政治制度的人民代表大会制度；构建了以各级人大作为各级国家权力机关为主体的，包括国家行政机关、国家审判机关、国家检察机关和其他国家机关在内的国家机构体制机制制度，确立了人民政权具体行使国家权力的组织机构、职权和运行规则；规定了公民的基本权利，奠定了人民当家作主的宪法地位，正确地处理了行使具体国家权力的国家机关与行使国家主权的人民之间的法律关系。上述三项宪法内容构成了中国特色社会主义宪法制度的“四梁八柱”，即便是现行宪法仍然继受了1954年宪法核心精神，传承了1954年宪法的基本价值和文化内核，保持了社会主义类型宪法内在逻辑的一致性，为中国特色社会主义宪法制度的建立和完善奠定了坚实的宪法基础。

2024年注定是一个不平凡的年份。刚刚结束的巴黎夏季奥运会以及党的二十届三中全会都让普通民众欢欣鼓舞。特别是我们还迎来了新中国成立75周年、1954年宪法诞生70周年以及我国的人民代表大会制度正式建立70周年。70年的新中国宪法史应当让我们对宪法有了更好、更透彻的理解，对于宪法作为治国安邦的总章程的基本性质，应当更加坚信不疑。同时，对于在实践中进一步保证宪法实施有了更加充分的信心。

12年前，也就是党的十八大刚刚闭幕不久，习近平总书记在首都各界纪念现行宪法公布施行30周年大会上的讲话中，对现行宪法30年来在治国理政中所发挥的根本法作用作了高度概括和深刻的阐述，为全面贯彻落实“依宪治国”“依宪执政”提供了明确的方向指引。习近平总书记指出：

> 我国宪法以国家根本法的形式，确立了中国特色社会主义道路、中国特色社会主义理论体系、中国特色社会主义制度的发展成果，反映了我国各族人民的共同意志和根本利益，成为历史新时期党和国家的中心工作、基本原则、重大方针、重要政策在国家法制上的最高体现。
>
> 30年来，我国宪法以其至上的法制地位和强大的法制力量，有力保障了人民当家作主，有力促进了改革开放和社会主义现代化建设，有力推动了社会主义法治国家进程，有力促进了人权事业发展，有力维护了国家统一、民族团结、社会稳定，对我国政治、经济、文化、社会生活产生了极为深刻的影响。
>
> 30年来的发展历程充分证明，我国宪法是符合国情、符合实际、符合时代发展要求的好宪法，是充分体现人民共同意志、充分保障人民民主权利、充分维护人民根本利益的好宪法，是推动国家发展进步、保证人民创造幸福生活、保障中华民族实现伟大复兴的好宪法，是我们国家和人民经受住各种困难和风险考验、始终沿着中国特色社会主义道路前进的根本法制保证。

党的十八大以来，以习近平同志为核心的党中央高度重视宪法在全面依法治国中的核心地位和重要作用，先后通过党的十八届四中全会《中共中央关于全面推进依法治国若干重大问题的决定》、党的十九大报告明确了“依宪治国”“依宪执政”的大政方针，习近平总书记在中央全面依法治国工作会议上就当前和今后一段时间全面依法治国工作提出的“十一个坚持”将“依宪治国”“依宪执政”作为一个重要的坚持事项，并成为习近平法治思想的核心要义。刚刚召开的党的二十届三中全会审议通过的《中共中央关于进一步全面深化改革、推进中国式现代化的决定》强调指出：必须全面贯彻实施宪法，维护宪法权威。完善以宪法为核心的中国特色社会主义法律体系，健全保证宪法全面实施制度体系，建立宪法实施情况报告制度。因此，某种意义上可以说，宪法的时代已经到来。

宪法作为国家的根本法，一直得到党和国家的高度重视。从1954年第一届全国人大第一次会议制定的新中国第一部宪法，到1982年第五届全国人大第五次会议通过的现行宪法，新中国的四部宪法都充分有效地反映了中国特色社会主义法治建设的各项要求和重要特征，成为治国安邦的总章程。1982年宪法作为改革开放初期出台的、现行仍然有效的宪法，适应改革开放和社会主义现代化建设事业的要求，先后于1988年、1993年、1999年、2004年和2018年进行了五次修改，每一次修改都对现行宪法所规定的各项根本制度进行了完善，对法治实践产生了巨大的推动力、影响力。可以说，改革开放四十几年来，中国特色社会主义现代化建设事业之所以取得巨大成就，是与现行宪法作为根本法的保驾护航分不开的。2017年召开的党的十九大提出了“推进合宪性审查工作”的制度化要求，进一步提升了宪法的法律权威，增强了宪法作为根本法对改革开放和社会主义现代化建设实践的指导作用。因此，宪法已经真正地走进了我们的生活，成为治国理政和人们日常交往不可或缺的法律指南。

法律出版社组织出版的《走进宪法》一书，以较为翔实的历史资料、归纳和总结了宪法作为根本法在中国的历史发展轨迹以及现行宪法在过去42年中所发挥的根本法作用。特别是我们在《走进宪法》第一版基础上，结合纪念1954年宪法诞生70周年这一重要的历史节点，增添关于1954年宪法起草、审议和通过等生动的历史故事。该书力求用讲故事的方式，运用群众通俗易懂的语言，把宪法文本中所蕴涵的深刻法理讲清楚、讲透彻，真正起到让人“不惑”的作用。我有幸担任该书的主编之一，并且在法律出版社朱峰和苗婕女士的鼓励和支持下，通过组织宪法学界若干年富力强的宪法学者参与编写，不仅自身受益良多，而且对该书提供的宪法知识的生动性、准确性和趣味性尤感满意。我们有理由相信，一本让作者、编者首先满意的著作，也一定会让读者满意和有所收获。希望读者能够在本书所提供的宪法图景中，认真领略我国现行宪法所设计的根本制度和根本任务的完美框架，对于1954年宪法诞生70周年来中国特色社会主义宪法制度的运行状况有更加清晰和深入的了解，从而让宪法真正地走进自己的生活，让宪法的阳光永远陪伴着自己，一起享受现行宪法给我们带来的美好生活。

讲好宪法故事，从走进宪法开始；讲好宪法故事，需要人人主动参与。

莫纪宏

中国社会科学院法学研究所所长、研究员

2024年9月5日

目录

叁 革命根据地时期的宪法性文件

肆 新中国的宪法

壹

宪与宪法

宪

金文		篆文	隶书	楷书		行书	草书	繁体标宋	简体标宋
								憲	宪
伯宪盉	秦公钟	说文解字	衡方碑	石经尔雅	欧阳通	文征明	王献之	印刷字库	印刷字库

"宪"的字形演变

憲，金文 = （网罩，表示抓捕、关押）+ （目，眼光、看法），表示限制私心偏见。有的金文 = + （心，欲望、动机），强调对私欲的限制。篆文 承续金文字形。造字本义：动词，限制个人偏见、私欲的最高法令。隶书 将篆文字形中的 写成 ，将篆文字形中的 写成 。《汉字简化方案》中的简体楷书另造会义兼形声的简单字形 宪，用 先 代替繁体楷书字形中的 ，表示"先贤"制定的国家法令。

——《象形字典》

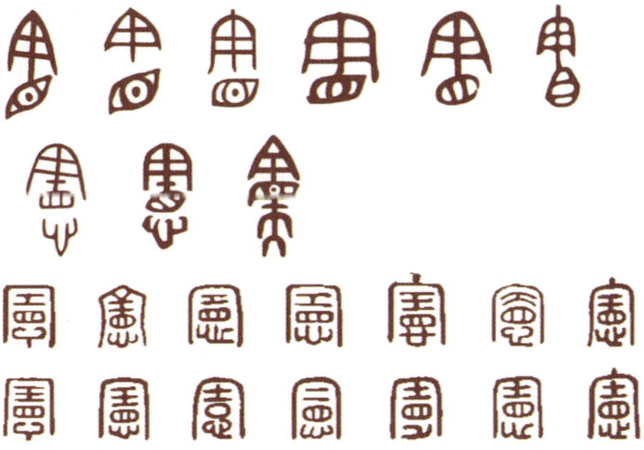

"宪"字的演变

宪法

中文的"宪法"和英文的"Constitution"作为语言的符号，无论在中国还是在西方国家都有着悠久历史。

我国最早的典籍《尚书》中就有记载"监于先王成宪，其永无愆"；《论语·国语》中则记载"赏善罚奸，国之宪法"。"宪"或"宪法"一词，从我国历史上看，其基本含义是指法律。虽然当时的"宪"不同于现代人所说的根本法，但却比一般法律重要得多。例如，《管子·立政·首宪》中记载，君主在大年初一将中央和地方各部各类政府大员召到王宫，让太史将"宪"发给他们，在君主面前学习讨论。

六世纪末到七世纪初，"宪法"一词还东渡日本，成为日本法律文件的名称，产生了著名的《十七条宪法》(相传由圣德太子制定，内容与今日的日本宪法不同)。近代以来，"宪法"一词被赋予新的内涵，即规定国家根本制度和根本任务的根本法。

在西方，最早探讨宪法现象的是希腊人。古希腊历史学家希罗多德(Herodotus)在其著述《历史》中对宪法类型作出最早阐述：宪法即公共事务的管理方式，如独裁、民主、寡头三种政体形式。古希腊哲学家亚里士多德(Aristotle)曾收集了希腊158个城邦的宪法进行比较研究，写成《雅典政制》，探讨了如何用一种最切实可行的政体实现人民所设想的优良生活。"宪法"一词的英文表达方式是"Constitution"，法文是"La Constitution"，德文是"Verfassung"；它们均源于拉丁文"*Constitutio*"，基本的含义是组织、结构、体制、命令、指示、设置等。

1758年，瑞士法学家瓦特尔(Emeric de Vattel)在其著作《万民法》中写道：决定公共权力应该如何行使的根本规则，构成国家的宪法（Constitution de l’Etat）。此处用“Constitution”一词表达了现代宪法的观念，即控制政府权力。此后，该词很快转化为意大利语、西班牙语、葡萄牙语、斯堪的纳维亚语等其他民族语言的相应表达。

近代意义上的宪法

近代意义上的宪法，最根本的特征是强调宪法是限制国家权力和保障公民权利的基本法律。凡是不符合上述特性的法律都不能称为宪法。所以，在近代意义上，“宪法”一词含义的侧重点不在于它在一国法律体系中是否居于核心位置，而在于强调宪法价值的正当性和宪法功能的合理性。从宪法具有限制国家权力的作用来看，普遍认为具有限制王权作用的1215年英国《自由大宪章》是近代意义上的宪法源头。

十九世纪六十年代，日本明治维新时期开始引入西方“Constitution”的概念；但是，对此概念的译法很不统一，或称为“国宪”，或称为“建国法”“根本律法”“政治法则”等。据日本宪法学家美浓部达吉（みのべ たつきち）考证，1882年（明治十五年）伊藤博文（いとう ひろぶみ）出使欧洲各国，在考察各国实行立宪政治情况后，第

链接｜世界早期宪法

世界上最早的近代宪法性文件是1215年英国《自由大宪章》以及十七世纪在英国形成的不成文宪法。为什么叫“不成文宪法”？因为英国没有一部完整的、统一的成文宪法典，英国宪法的主体由各个不同历史时期颁布的宪法性文件和政治惯例、司法判例构成，如1628年的《权利请愿书》、1679年的《人身保护法》、1689年的《权利法案》、1701年的《王位继承法》等。

第一部成文宪法是美国1787年制宪会议制定的《美利坚合众国宪法》。当今世界绝大多数国家的宪法是成文宪法，如中国、法国、日本等。

1791年，法国制定了欧洲大陆第一部近代宪法，将1789年法国资产阶级革命中诞生的《人权与公民权利宣言》作为宪法的序言。在这部宪法的基础上建立起法兰西第一共和国。另有说法认为早于1791年法国宪法几个月的波兰宪法是欧洲大陆成文宪法的源头。

一次正式使用了“宪法”一词。1889年（明治二十二年），日本颁布《大日本帝国宪法》(后世称“明治宪法”)，自此“宪法”一词在日文中专指国家根本法。十九世纪八十年代，中国近代改良主义思想家郑观应提出立宪与议院政治的主张，首次使用“宪法”一词。在《盛世危言·自强论》中，他指出：“查日本宪法，系本其国之成法，而参以西法，中国亟宜仿行，以期安攘。”要求清廷“立宪法”“开议院”，实行君主立宪。同一时期，清朝外交使臣傅云龙在《游历日本图经》(1889年)中首次翻译了《大日本帝国宪法》全文，文中正式使用了“宪法”二字。1898年戊戌变法时，有的维新派人士要求清政府制定宪法，实行立宪政治。1908年，清政府不得不颁布《钦定宪法大纲》。从此，“宪法”一词在汉语中成为被用作指代国家根本法的专门法律术语。

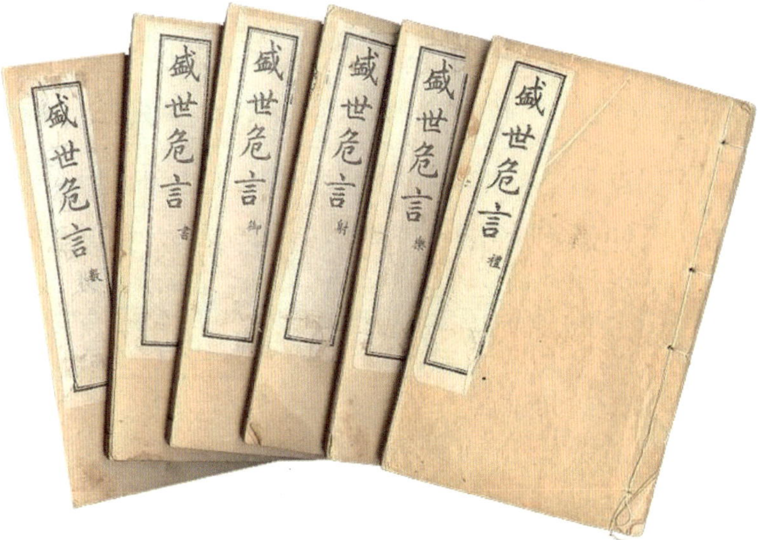

《盛世危言》是郑观应于1894年编辑的论文集。全书贯穿着“富强救国”的主题，对政治、经济、军事、外交、文化诸方面提出改革方案，给甲午战败后沮丧、迷茫的晚清末世开出了一剂拯溺扶危的药方。

宪法的多义性

形式意义宪法和实质意义宪法

“宪法”一词具有多义性。一般来说，宪法的概念有两种不同含义：第一种是形式意义上的宪法，指以“宪法”作为名称的法律文件，即宪法的表现形式，如《中华人民共和国宪法》法律文本。第二种是实质意义上的宪法，并不是指具体的法律文件，而是指宪法的实质性规定，反映宪法规范的内容及其作用。

《中华人民共和国宪法》

公法和母法

一般认为，根据法律所调整的社会关系的性质，法律可分为公法和私法。公法主要调整公权力机关之间或者公权力机关与个人之间的关系，如行政法。私法则调整私人之间的关系，如民法。宪法主要调整国家公权力机关和个人之间的关系（如国家对公民基本权利的保障）、国家公权力机关内部关系以及国家公权力机关之间的外部关系。由此可见，宪法是公法。

从宪法在一个国家法律体系中的地位来讲，宪法是万法之母、百法之首。宪法是国家的“根本法”“最高法”；其他法律都要以宪法为依据，并且不得与宪法相抵触。因此，我们形象地将宪法称为母法。

宪法的功能

宪法作为国家的根本法，除具有法的一般功能外，还具有普通法律所不具有的特殊功能。一般来说，宪法是治国理政的总章程和公民权利的保障书。

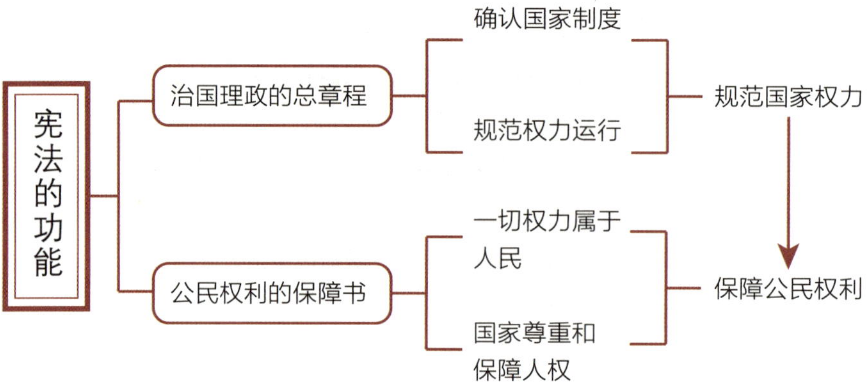

治国理政的总章程

确认国家制度

宪法首先具有确认功能。具体表现在：确认国家权力的归属，使统治阶级的统治地位合法化；确认宪法赖以存在的经济基础，宪法的性质和内容取决于经济基础的性质；确认国家法制统一原则，为法律体系的协调发展提供统一基础；确认社会共同体的基本价值目标与原则，为社会共同体发展提供统一价值体系。

规范国家权力

宪法产生之初，以限制君权为目的。随着君权的衰落或消亡，宪法转向对国家权力加以限制。为了更好地保障公民权利，限制和规范国家权力成为宪法的重要使命。宪法对国家权力的规范主要体现在两方面：

一方面，宪法规定国家权力结构，明确国家权力的配置方式和国家机关的职责权限，为国家权力的行使提供法律依据。

另一方面，宪法在确认国家的权力归属后，对国家权力的行使进行规范：其一，宪法授予国家机关权力，同时规定行使权力的程序和方式，这是自近代宪法产生以来对国家权力进行规范的重要方式；其二，宪法还规定实施宪法监督制度，对国家机关行使权力进行约束和限制。

公民权利的保障书

宪法是公民权利的保障书，以人为出发点和落脚点，重视人的尊严和价值，关注人的生存和发展。尊重和保障人权是宪法的核心内容，也是宪法的核心价值。《中华人民共和国宪法》规定“国家尊重和保障人权”，正是宪法保障公民权利的具体体现。

贰

中国近代意义上的宪法性文件

《钦定宪法大纲》

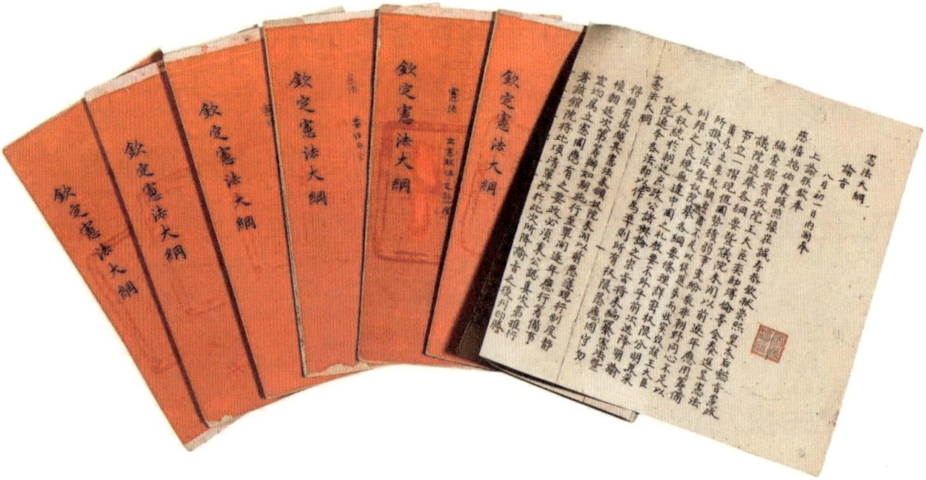

《钦定宪法大纲》是中国近代第一部宪法性文件。当时的名称是《宪法大纲》，并没有“钦定”二字，这是后来的习惯称谓。本意是先颁布一个立宪性“大纲”文件，然后效仿日本设置一定的立宪期限，为正式颁布宪法做好准备。

十九世纪末二十世纪初，在列强的环逼之下，中华民族面临的最重要的时代课题是救亡图存。经历鸦片战争的惨败后，变法维新、强国保种观念和运动涌动朝野，立法修法逐渐进入晚清政府的视野，法律修订和立宪运动随之启动。在近代中国，“宪法”二字从一开始就和挽救民族危亡、实现民族复兴紧紧地联结在一起。

《钦定宪法大纲》在晚清主张立宪和反对立宪的争吵声中诞生。1908年8月27日，中国近代第一部宪法性文件——《钦定宪法大纲》

公布，包括“君上大权”和附录“附臣民权利义务”两部分，共计23条。它由宪政编查馆参照1889年《大日本帝国宪法》制定，删去了其中有关限制君权的条款。一方面，它确立了宪法的根本法地位，规定了国家机关及其职权，列举了民众的权利义务，开启了中国法制与近代宪制的接轨；另一方面，它规定了君权“神圣不可侵犯”，体现了“大权统于朝廷”的制度宗旨。

《钦定宪法大纲》具有浓厚的封建性质，又具有一定的资本主义民主色彩。《钦定宪法大纲》并不具备宪法的特征。它确认了君主立宪制的基本方向，但由于君权过于强大，议院立法权和监督权有限，臣民的自由权利弱小且缺乏保障，因此它仅是清政府制定宪法的“大纲”。《钦定宪法大纲》的颁行，标志着封建旧法律体系的终结和新法律时代的来临，拉开了中国政治法律制度近代化的序幕。

沈家本（1840—1913年）

1901年，清政府下诏变法，进行法制改革。沈家本奉命修律，着手修订法律的准备工作。主要包括奏请将刑部律例馆更名为修订法律馆，拟定修律的办法；挑选熟悉中西法律的人员担任纂修；聘请外国法律专家担任顾问；翻译、研究外国法律；筹备经费。1904年4月1日，修订法律馆正式开馆。

沈家本、伍廷芳、杨度、江庸等以改革晚清法律体系为己任，从时代需求出发，沟通中西法制，在中国传统法制和司法实践中注入近代法制因素。清末修律揭开了中国法制近代化的帷幕。

《中华民国临时约法》

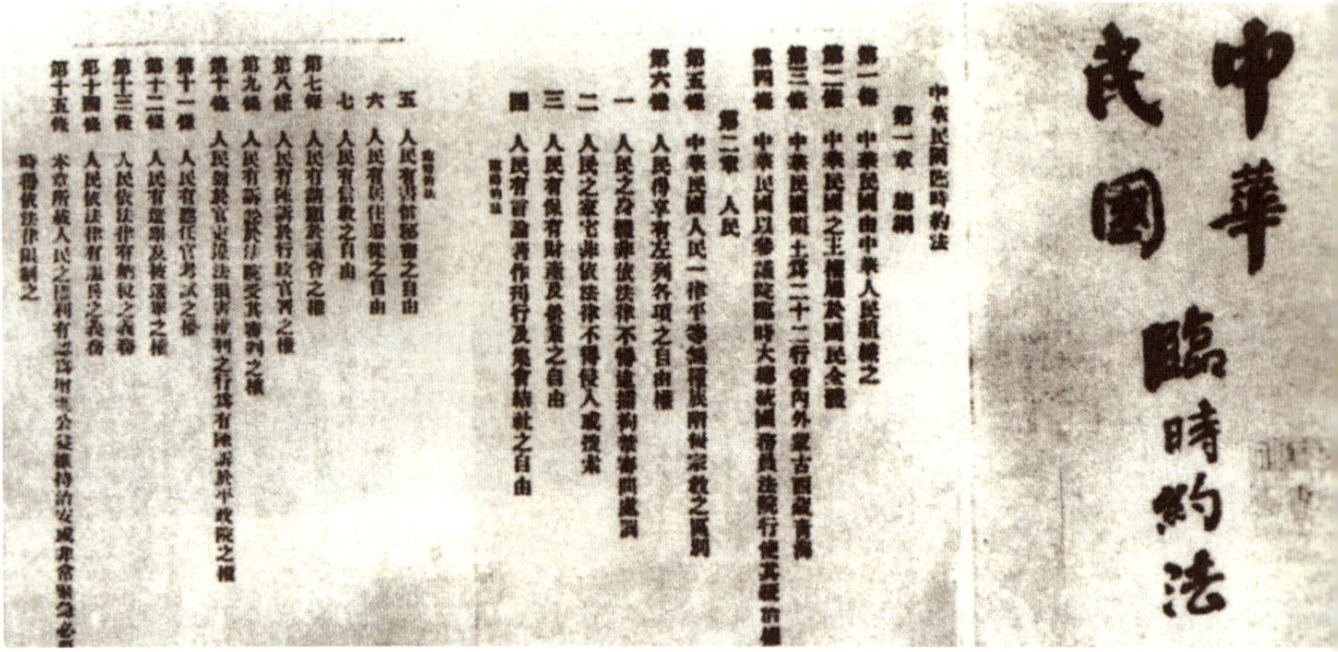
中華民國臨時約法

中華民國臨時約法

第一章 總綱

第一條 中華民國由中華人民組織之

第二條 中華民國之主權屬於國民全體

第三條 中華民國領土為二十二行省內外蒙古西藏青海

第四條 中華民國以參議院臨時大總統國務員法院行使其統治權

第二章 人民

第五條 中華民國人民一律平等無種族階級宗教之區別

第六條 人民得享有左列各項之自由權

一 人民之身體非依法律不得逮捕拘禁審問處罰

二 人民之家宅非依法律不得侵入或搜索

三 人民有保有財產及營業之自由

四 人民有言論著作刊行及集會結社之自由

五 人民有書信秘密之自由

六 人民有居住遷徙之自由

七 人民有信教之自由

第七條 人民有請願於議會之權

第八條 人民有陳訴於行政官署之權

第九條 人民有訴訟於法院受其審判之權

第十條 人民對於官吏違法損害權利之行為有陳訴於平政院之權

第十一條 人民有應任官考試之權

第十二條 人民有選舉及被選舉之權

第十三條 人民依法律有納稅之義務

第十四條 人民依法律有服兵之義務

第十五條 本章所載人民之權利有認為增進公益維持治安或非常緊急必要時得依法律限制之

《中华民国临时约法》(以下简称《临时约法》)为什么冠以“临时”?

1912年1月1日,中华民国南京临时政府成立,孙中山宣誓就任临时大总统。1912年2月,迫于内外压力,在得到袁世凯拥护共和的承诺后,孙中山辞去临时大总统之职,让位于袁世凯。但孙中山意欲用法的形式来保护辛亥革命的成果,防止袁世凯窃国擅权。在这种背景下,临时参议院用五十多天完成了《临时约法》的制定工作,该约法带有明显的过渡性和临时性。《临时约法》从1912年3月颁布到1914年5月被袁世凯废除,存续仅两年;此后虽几经恢复,但有名无实。

《临时约法》为什么称“约法”而不称“宪法”?

孙中山认为,当时中国经济、政治、文化落后,革命成功后建国治国要分三步走——“军法之治”、“约法之治”和“宪法之治”,所以要先立约法,再立宪法。然而,《临时约法》第五十四条明确规定:“中华民国之宪法由国会制定。宪法未施行以前,本约法之效力与宪法等。”所以,这部《临时约法》是中国历史上最早的带有资产阶级民主共和性质的宪法性文件。

诞生记

辛亥革命推翻了腐朽的清王朝，推翻了长达两千年之久的封建专制制度，建立了资产阶级民主共和国——中华民国，制定了中国历史上第一部具有资产阶级民主共和性质的宪法性文件——《临时约法》。

《临时约法》是从《中华民国临时政府组织大纲》修改而来的，从1912年1月5日开始起草，经过五十多天的讨论，于3月8日三读通过。其间经过两次起草会议。第一次起草会议，从1912年1月5日开始到27日结束，主要是拟订《中华民国临时约法草案》，并进行审议。第二次起草会议，从1912年2月6日开始到3月8日结束，继续对《中华民国临时约法草案》进行审议，并完成二读、三读的程序。

《临时约法》是在代理参议院临时议长赵士北和南京参议院议长林森、审议长李肇甫主持下制定的。由景跃月、张一鹏、吕志伊、王有兰、马君武拟定初稿，经南京参议院特别审查会审查员（成员包括邓家彦、李肇甫、熊成章、钱树芬、谷钟秀、殷汝骊、欧阳振声、张继、汤漪）和法律审查会审查员（成员包括王有兰、彭允彝、谷钟秀、凌元渊、王正廷、赵士北、平刚、汤漪、熊成章）增删而成。

链接|《临时约法》中的“男女不平等”

《临时约法》第二章第五条规定：“中华民国人民一律平等，无种族、阶级、宗教之区别。”此条没有提出男女平等。这一条文出台时曾引起中国妇女界尤其是辛亥时期从事妇女解放事业的妇女界人士的不满。1912年3月23日，上海《民立报》发表了《女子参政会上孙总统书》，提出：“吾女子之要求参政权也，既已一再上书参议院，求其将女子共男子权利一律平等明白规定于临时政府约法之中。”因而提议“对于约法第五条或请删去‘无种族、阶级、宗教之区别’一语，或即请于‘无种族、阶级、宗教’之间，添入‘男女’二字，以昭平允。二者惟择其一……查临时约法第五十五条规定约法增修之事有临时大总统之提议云云，理合呈请大总统据情提议，以重法律，以申女权”。孙中山在《孙中山复参政同盟会女同志函》中劝谏说：“党纲删去男女平权之条，乃多数男人之公意，非少数可能挽回。君等专以一二理事人为难无益也。”由此，不承认男女平等成为《临时约法》的缺憾之一。

◆主要内容

> **宪法者，国家之构成法，亦即人民权利之保障书也。**
>
> **——孙中山**

确定了资产阶级民主共和国的国家制度

《临时约法》规定中华民国由中华人民组织。中华民国的主权属于国民全体。

确立了权力分立制衡的政治体制

《临时约法》规定参议院为立法机关，行使中华民国立法权，临时大总统和国务院行使中华民国行政权，法院行使中华民国司法权。同时，出于防止袁世凯独揽大权的考虑，在政府组织形式上，《临时约法》以《法兰西第三共和国宪法》为蓝本，将总统制改为责任内阁制。然而，这种资产阶级的政治体制与中国传统政治法律文化价值观存在深层的内在冲突。

规定了人民的民主自由权利

《临时约法》规定中华民国人民一律平等，无种族、阶级、宗教的区别。人民享有人身、财产、居住、迁徙、言论、出版、集会、结社、通信、信仰等自由，以及选举、被选举、考试、请愿、陈诉、诉讼等权利。

此外，《临时约法》还规定司法“不受上级官厅之干涉”。

《临时约法》用法律的形式确立了民主共和国的理念和体制，这是一场深刻的思想启蒙运动和立宪实践运动。从此，民主共和思想逐渐深入人心，民主和共和成为近代中国历史发展的两大趋势和历史任务。

孙中山（1866—1925年），名文，号逸仙，广东香山（今中山市）人，旅居日本时曾化名“中山樵”，故以“中山”之名行世。孙中山先生是伟大的民族英雄、伟大的爱国主义者、中国民主革命的伟大先驱。他少年时求学美国檀香山，归国后曾学医并悬壶济世。民生疾苦使他立下政治救国的宏愿。1894年他写下《上李鸿章书》，建议清政府效仿西方资本主义制度，未果。同年再赴檀香山，在一批革命志士的帮助下创立了兴中会，宗旨是“驱除鞑虏，恢复中华，创立合众政府”。1905年，他在东京成立了近代中国第一个资产阶级革命政党——中国同盟会，并提出“三民主义”即“民族、民权、民生”。民族主义即驱除鞑虏，恢复中华；民权主义即建立民国；民生主义即平均地权。

推翻帝制

林伯渠曾经很有感慨地说：“对于许多未经过帝王之治的青年，辛亥革命的政治意义是常被过低估计的，这并不足怪，因为他们没有看到推翻几千年因袭下来的专制政体是多么不易的一件事。”

《临时约法》的历史功绩，很重要的一点是，它是孙中山倡导的

"护法运动"的革命旗帜。"护法运动"泛指从1912年至1923年,以孙中山为代表的资产阶级革命派为维护和恢复《临时约法》而进行的顽强斗争。在"护法运动"中,孙中山以恢复《临时约法》和国会为号召和目标,先后进行了反对袁世凯帝制和北洋军阀独裁专制的斗争,他旗帜鲜明地提出打倒伪共和、建立真共和的主张。孙中山倡导的护法运动虽然以失败告终,但它对民主共和的宣传呼号,对封建专制主义的无情鞭挞,使专横暴虐的军阀们胆寒,再不敢公然推崇帝制,实行专制。

辛亥革命的参加者吴玉章曾这样生动地描述:"从前皇帝自称为天子,如果有人说皇帝是强盗,可以打倒,别人一定把他看作疯子。孙中山先生就曾经是一个被人家看作疯子的人。相反,在辛亥革命以后,如果有人想做皇帝或者拥护别人做皇帝,一定也被看作疯子。袁世凯是在辛亥革命以后想做皇帝的人,张勋是在辛亥革命以后想拥护别人做皇帝的人,他们都有武力做后盾,当初何尝不自认为有把握?可是一到要成大事的时候,马上就发现原来拥护他们的人只有身边的几个奴仆,或者某些同他们一样可笑的梦游人。"

五权宪法

《临时约法》的制定参照了英国君主立宪制、法国责任内阁制和美国"三权分立"的原则,与孙中山的五权宪法构想不同。1906年11月15日,孙中山在日本同俄国社会革命党首领该鲁学尼的谈话中,第一次提出了五权宪法构想,希望在中国实行共和政治,建立立法、行政、司法、考试和监察五权分立的共和体制,即将国家的立法、行政、司法、考试、监察这五种治权分别由立法、行政、司法、考试、监察五院独立行使;同时由人民掌握选举、罢免、创制、复决四种权力。根据五权分立的准则,国家机构由立法院、行政院、司法院、考试院和监察院组成。《临时约法》制定时,由于参议员都不知道什么叫五权宪法,因此五权宪法的构想未被采纳。但是,五权宪法的构想在推翻清王朝的辛亥革命及此后的社会变革中起到了巨大的推动作用。

叁

革命根据地时期的宪法性文件

《中华苏维埃共和国宪法大纲》

中国共产党在革命根据地制定的《中华苏维埃共和国宪法大纲》等一系列宪法性文件，是中国宪法史上闪烁着灿烂光芒的崭新篇章。不仅加强了革命政权的法制建设，推动了新民主主义革命运动的发展；也为中华人民共和国成立后社会主义宪法的制定提供了宝贵经验。

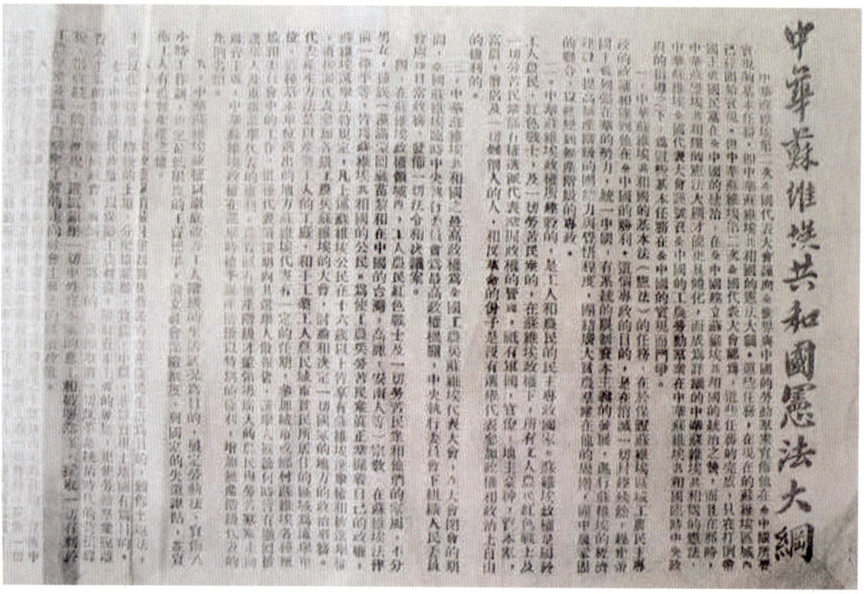
中華蘇維埃共和國憲法大綱

1927年大革命失败后，中国共产党开始创建革命根据地，红色政权在大江南北的偏僻乡村发展起来，苏维埃和红军不断发展壮大。但是，由于战争环境等因素的制约，十几块苏区各自为政，基层政权的层次和管辖区域、组织形式、颁布的法规和政策等都不统一，有必要制定一部在根据地普遍适用的宪法性文件。同时，各根据地在革命过程中制定和颁布的施政纲领、土地法规及其他法律法规推进了革命进程，促进了革命根据地内部各项建设事业的发展，也为根据地宪法性文件的制定准备了素材，积累了经验。1931年11月18日，中华苏维埃第一次全国代表大会通过《中华苏维埃共和国宪法大纲》，这是中国工农民主政权的第一个宪法性文件。

诞生记

二十世纪二十年代末，在推动军队建设和革命斗争取得胜利的同时，毛泽东就开始考虑人民政权的性质、体制和法律制度等问题，并筹建红色政权。他向在上海的党中央发电，倡议制定“一个整个民权革命的政纲”，“使各地有所遵循”。1931年10月21日，中共苏区中央局致电临时中央，报告中华苏维埃第一次全国代表大会将于“十月革命”纪念日11月7日开幕。1931年11月7日，中华苏维埃第一次全国代表大会在江西瑞金召开，宣告成立中华苏维埃共和国临时中央政府。

中华苏维埃共和国临时中央政府大礼堂

早在1930年5月，上海的中共中央政治局根据共产国际意见，成立了全国苏维埃代表大会中央准备委员会，并决定由这个委员会负责起草宪法文件。由于一些客观原因，中华苏维埃第一次全国代表大会召开之前，中共苏区中央局迟迟未能收到中华苏维埃共和国宪法草案。1931年11月初，中共临时中央曾用电报将宪法大纲要点发给委员会，电文提出："望按此原则要点在苏大会通过，全文即补送上。"大会主席团认为在中华苏维埃大会上通过此电文不妥，不符合大会立法程序，未予采纳。主席团决定由任弼时、王稼祥、毛泽东、周以栗、邓发、曾山、张鼎丞、梁柏台和各代表团推出的1名代表，共17人组成宪法起草委员会。

中华苏维埃共和国临时中央政府的工作人员梁柏台作为法律专家参加了宪法起草工作。接到宪法起草委员会的紧急任务后，他找来闽西苏维埃政权组织法等历史文献，又找来任弼时等从上海带来的一些苏联宪法资料，参考了中共临时中央电文的要点，连续工作近三个通宵，拟出了《中华苏维埃共和国宪法大纲（草案稿）》。任弼时、项英和毛泽东等苏区中央局负责同志在梁柏台稿子的基础上，提出了修改意见。1931年11月16日和17日，宪法起草委员会在大会主席团办公处召开了两次会议，讨论宪法大纲草案稿，形成了提交中华苏维埃第一次全国代表大会审议的宪法大纲草案。11月18日，大会主席团召集全体代表审议并一致通过《中华苏维埃共和国宪法大纲》（以下简称《苏维埃宪法大纲》）。

《苏维埃宪法大纲》是中国共产党领导人民制宪的最初尝试，是中国工农民主政权第一个宪法性文件，在中国民主法制史上具有划时代的意义。

链接｜**中华苏维埃共和国**

1931年11月，中国历史上第一个全国性的工农民主政权——中华苏维埃共和国临时中央政府在江西瑞金成立，成为中国共产党执政的首次尝试和重要实践，也是中华人民共和国的摇篮。直到1934年10月红军长征，瑞金一直是中央革命根据地的中心。毛泽东曾说，"这是一个国家的雏形，麻雀虽小，肝胆齐全"。

梁柏台（1899—1935年）

《苏维埃宪法大纲》的起草人之一，中国共产党司法工作的先驱者。曾参与起草《中华苏维埃共和国婚姻条例》和《中华苏维埃共和国中央苏维埃组织法》等法令。中华苏维埃共和国临时中央政府成立后，梁柏台一直从事司法工作。他和何叔衡等一起，开展了创立苏维埃司法机关和司法制度的工作。1935年3月，他在通过国民党军队的封锁线时负伤被俘，后被敌人杀害，时年三十六岁。

主要内容

《苏维埃宪法大纲》共十七条，确定了中华苏维埃共和国的任务、国家性质、最高权力机构、地方政权机构、中华苏维埃区域的公民享受的权利和应尽的义务等内容。

明确规定了国家性质

中华苏维埃共和国“是工人和农民的民主专政的国家”，“苏维埃政权是属于工人、农民、红军兵士及一切劳苦民众的”。《苏维埃宪法大纲》的核心是对少数的阶级敌人实行专政，为工农兵劳苦大众服务。这在中国历史上是破天荒的，也是革命根据地制宪史上的一个创举。

第一次宣告工农民主专政国家的基本任务和目的

工农民主专政国家的基本任务是“保证苏维埃区域工农民主专政的政权和达到它在全中国的胜利”，目的是“消灭一切封建残余，赶走帝国主义列强在华的势力”。同时规定了反帝反封建的政策和方针，包括废除帝国主义在华一切特权、一切不平等条约，收回租界、租借地，没收其工厂、矿山、铁路等归国有，没收地主阶级土地分配给农民等。

三次提到“走向社会主义”

“为着只有无产阶级才能领导广大的农民与劳苦群众走向社会主义，中国苏维埃政权在选举时给予无产阶级以特别的权利，增多无产阶级代表的比例名额。”

“中国苏维埃政权以保障工农利益，限制资本主义的发展，更使劳苦群众脱离资本主义的剥削，走向社会主义制度去为目的，宣布取消一切反革命统治时代的苛捐杂税，征收统一的累进税，严厉的镇压一切中外资本家的怠工和破坏的阴谋，采取一切有利于工农群众并为工农群众了解的走向社会主义去的经济政策。”

特别强调中华苏维埃共和国公民的民主权利

公民享有平等权、参政权、参军权、民主自由权、信教自由权、婚姻自由权、劳动权、受教育权八项权利。

确定了国家政权组织形式

把立法权与行政权统一于全国工农兵苏维埃代表大会。在大会闭会期间，全国苏维埃临时中央执行委员会为最高政权机关。

链接｜《苏维埃宪法大纲》中的第一次

第一次使用“公民”取代以往的“人民”“国民”。公民的提法突出强调劳动人民应有的权利义务及其真实性和平等性。第一次规定十六岁以上公民皆有选举权和被选举权，直接选派代表参加各级苏维埃代表大会。第一次宣布八小时工作制，规定最低限度工资标准。第一次规定保证彻底地实行妇女解放，“承认婚姻自由，实行各种保护女性的办法，使妇女能够从事实上逐渐得到脱离家务束缚的物质基础，而参加全社会经济的政治的文化的生活”。同时，国家创立社会保险制度与失业津贴，工人有监督生产的权利，并为劳动人民享有言论、出版、集会、结社等自由和受教育权利提供一切必要的物质设备保障。

确认了国内各民族一律平等的原则

“中华苏维埃政权在现在要努力帮助这些弱小民族脱离帝国主义国民党军阀王公喇嘛土司等的压迫统治而得到完全自主，苏维埃政权更要在这些民族中发展他们自己的民族文化和民族语言。”

规定了苏维埃政权对外政策的基本方针

宣布“中华民族的完全自由与独立”，反对帝国主义的特权及其对中华民族的压迫；联合世界无产阶级与被压迫民族，宣告世界无产阶级与被压迫民族站在一条革命战线上。

《苏维埃宪法大纲》兼有根本性和纲领性特点，是中国共产党领导人民制定的第一部宪法性文件，揭开了我国宪法史的新篇章。同时，《苏维埃宪法大纲》是一部具有新民主主义性质的宪法性文件，开创了我国人民民主宪法的新时代，是《中国人民政治协商会议共同纲领》和《中华人民共和国宪法》的雏形。

《陕甘宁边区施政纲领》

抗日战争时期，中国共产党领导的抗日民主政权制定了各边区施政纲领，如《陕甘宁边区施政纲领》《晋察冀边区施政纲领》等，作为抗日根据地的根本法。这些施政纲领是在党的边区新民主主义社会和抗日民族统一战线基本方针指导下制定的，是关于人民民主政权的比较成熟的宪法性文件。

1941年，陕甘宁边区面临更加复杂的军事斗争形势。尽管政治上更加成熟，文化上不断发展，民众生活得到一定程度的改善，但经济上仍然面临着很大的困难。所以，1941年《陕甘宁边区施政纲领》的重点是保证边区团结抗战的政治基础，通过“三三制”等政权组织原则，更大程度地动员边区各阶层参加到抗战中来，通过发展生产保证军事斗争的后勤基础，提高部队战斗力，以坚持长期抗战。

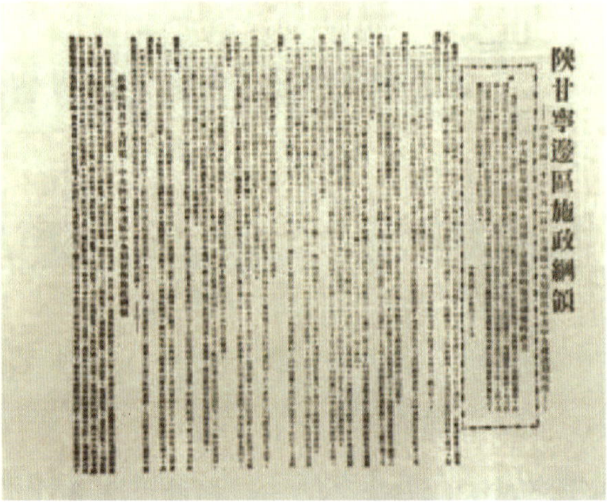

《陕甘宁边区施政纲领》，由中共陕甘宁边区中央局印制。封面题“陕甘宁边区施政纲领”，署“中共边区中央局印”。正文分为两部分：第一部分为“中共边区中央局关于发布新的施政纲领的决定”；第二部分为“陕甘宁边区施政纲领”全文。

中共陕甘宁边区中央局发布的《陕甘宁边区施政纲领》公告为宣传类公告，页首印有“中共陕甘宁边区中央局关于发布新的施政纲领的决定”。

诞生记

中共陕甘宁边区中央局《陕甘宁边区施政纲领》起草委员会于1941年1月成立。施政纲领草案完成后，毛泽东进行了多次修改。1941年4月27日，中共中央召开政治局会议，通过了毛泽东修改的施政纲领。为了向边区群众广泛宣传这个文件，在毛泽东的指示下，《陕甘宁边区施政纲领》草案不仅在边区的报纸上发表，而且在边区各地张贴宣传，乡主席、各党支部书记、部队班长以上干部人手一份。

1941年11月6日，陕甘宁边区第二届参议会在延安参议会大礼堂召开，共有200多位参议员参加。经讨论，会议形成了施政纲领的通过决议：“一致认为该纲领不但适合于边区的需要，而且完全符合于中国的国情，是唯一正确的边区施政方针，也是团结抗战以救中国的良策。因此，本会全部接受，作为政府今后的施政纲领，并责成政府指导全边区人民切实执行之。”

《陕甘宁边区施政纲领》规定了陕甘宁边区政治、经济、文化建设的政策方针，起到了边区根本法的作用，是中国共产党争取边区群众支持、团结抗战的纲领性文件。

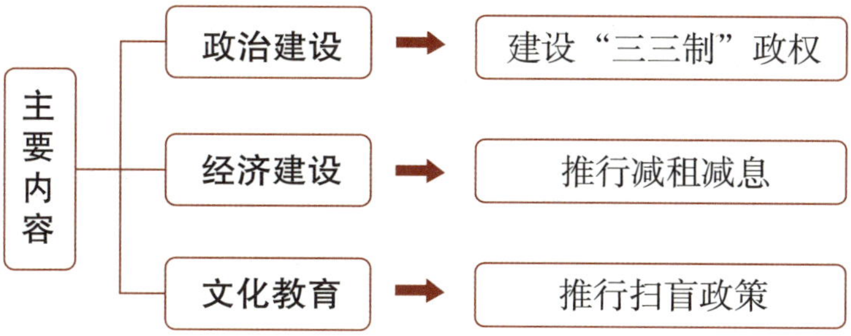

“三三制”

所谓领导权，不是要一天到晚当作口号去高喊，也不是盛气凌人地要人家服从我们，而是以党的正确政策和自己的模范工作，说服和教育党外人士，使他们愿意接受我们的建议。

——毛泽东

所谓"三三制"政权，是指在政权机关工作人员中，共产党员、非党左派进步分子和中间派各占三分之一，是与统一战线相适应的各种革命力量联合抗日的政权，是中国共产党独立自主运用民主原则建政的一次成功尝试。与以往尤为不同的是，这一政权组织形式不是停留在政策和理论阶段，而是明确规定在《陕甘宁边区施政纲领》之中，使其得以宪法化。

"三三制"的实质就是共产党员与党外人士实行民主合作，使广泛的抗日力量参加到边区的行政管理与民主活动中。边区的选举、参议会和政府工作都贯彻了"三三制"原则。

按照"三三制"原则实行真正的普遍选举

1941年，陕甘宁边区召开第二届参议会的时候，按照"三三制"原则进行了改选，这一次参加选举的人数占到选民总数的80%。这使边区政府获得了广泛的社会支持，为建立抗日民族统一战线作出了积极贡献。

在边区的选民中，农民所占比重最大，他们文化程度普遍较低。边区政府采取了多种灵活方式让最广大的农民有机会参加选举，如用画圈、画杠的方法来投票，最有趣的是"投豆法"和"背箱法"。

"投豆法"是在候选人背后放一个斗，选民愿意选谁就在谁的斗中放一颗豆，最后通过数豆来计算选票。"背箱法"则是由工作人员背着箱子，到选民中去请他们投票，即使在农忙时节也不妨碍选举的进行。

当时有的选区距离敌人的封锁线非常近，白天不能开会，老百姓就在夜间聚在一起选举，还有的妇女抱着孩子跑五六里路来参加选举。

按照“三三制”原则组建各级参议会和政府

1941年11月召开陕甘宁边区第二届参议会时，各级参议会和政府按照“三三制”原则进行了改选。第二届参议会选举了18人为政府委员，其中共产党人只有6人。林伯渠当选为边区政府主席，开明绅士李鼎铭当选为副主席。1941年，在边区的乡（市）选举中，根据18个县的平均数计算，共产党员只占19.8%，国民党员占4.9%，无党派人士占到75.3%，许多党外人士担任了边区政府干部。

按照“三三制”原则建立多党合作制度

“三三制”政权中的共产党领导主要体现在共产党帮助和团结一切要求进步的政党参加政权，携手并肩，共同去解决面临的问题，反映了各政党之间的互相尊重、互相支持、共存共荣、合作共事。此外，由于中国共产党在政权组织中只占三分之一的名额，因此必须使这三分之一的人具有较高素质和高度统一性，使其成为高素质的领导群体。这种领导权的实现取决于群众的拥护与党外人士的信服。

陕甘宁边区参议会

《陕甘宁边区施政纲领》的颁布和实施，为全国抗日根据地民主政权建设提供了可资借鉴的典范。陕甘宁边区参议会是抗日根据地成立的第一个参议会，是民主政权建设的典范。此后其他根据地仿效陕甘宁边区成立参议会，开展政治、经济、文化等各项建设，通过民主形式制定根据地施政纲领，例如，1940年中共中央北方分局颁布的《关于晋察冀边区目前施政纲领》（又称《双十纲领》）。

《陕甘宁边区宪法原则》

抗日战争胜利后，为适应当时的新情况，中国共产党领导制定了《陕甘宁边区宪法原则》，并于1946年4月23日在陕甘宁边区第三届参议会第一次代表大会上通过。这是对抗日根据地新民主主义政权建设经验的总结，也是抗日根据地新民主主义民主政治日益完善的结晶。《陕甘宁边区宪法原则》分“政权组织”“人民权利”“司法”“经济”“文化”五部分，体现了新民主主义政权的特点。

建立人民管理国家的权力机关

根据《陕甘宁边区宪法原则》的规定，边区、县、乡三级人民代表会议为人民管理政权机关；乡一年改选一次，县二年改选一次，边区三年改选一次。《陕甘宁边区宪法原则》规定的人民代表会议制度，为新中国的政体——人民代表大会制度的确立奠定了历史基础。

人民民主权利的广泛性和真实性

《陕甘宁边区宪法原则》规定，人民享有六大基本权利，即“政治上各项自由权利”、“免于经济上偏枯与贫困的权利”、“免于愚昧及不健康的权利”、“武装自卫的权利”、“不分民族，一律平等的权利”以及男女平等的权利。该宪法原则还规定了保证上述民主自由权利得以实现的各项措施。

此外，通过“三三制”原则，真正建立了民选的各革命阶级联合的统一战线政权。

链接｜革命根据地时期宪法性文件中的“男女平等”

《苏维埃宪法大纲》第十一条规定，中国苏维埃政权以保证彻底地实行妇女解放为目的，承认婚姻自由，实行各种保护女性的办法，使妇女能够从事实上逐渐得到脱离家务束缚的物质基础，而参加全社会经济的政治的文化的生活。

《陕甘宁边区施政纲领》第十六条规定，依据男女平等原则，从政治经济文化上提高妇女在社会上的地位，发挥妇女在经济上的积极性，保护女工、产妇、儿童，坚持自愿的一夫一妻婚姻制。

此外，《陕甘宁边区宪法原则》还规定，妇女除有男子平等权利外，还应照顾妇女之特殊利益。

肆

新中国的宪法

《中国人民政治协商会议共同纲领》

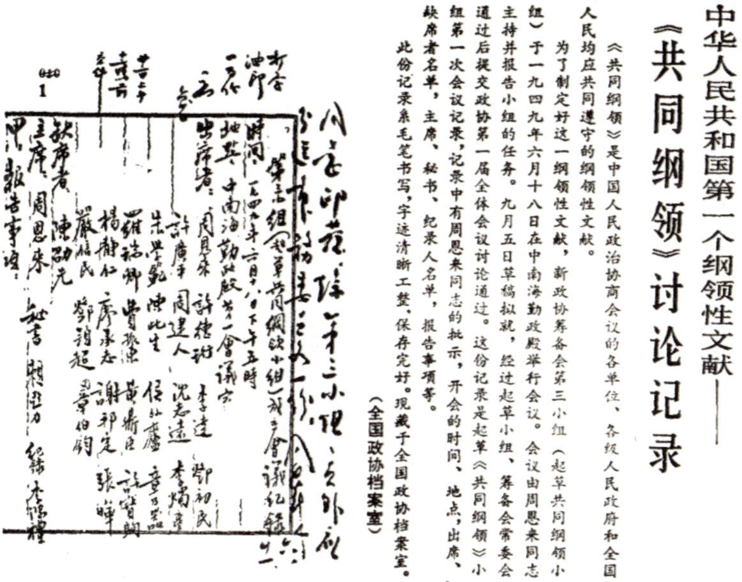

中华人民共和国第一个纲领性文献——

《共同纲领》讨论记录

《共同纲领》是中国人民政治协商会议的各单位、各级人民政府和全国人民均应共同遵守的纲领性文献。

为了制定好这一纲领性文献，新政协筹备会第三小组（起草共同纲领小组）于一九四九年六月十八日在中南海勤政殿举行会议。会议由周恩来同志主持并报告小组的任务。九月五日草稿拟就，经过起草小组、筹备会常委会通过后提交政协第一届全体会议讨论通过。这份记录是起草《共同纲领》小组第一次会议记录，记录中有周恩来同志的批示，开会的时间、地点，出席、缺席者名单，主席、秘书、纪录人名单，报告事项等。

此份记录系毛笔书写，字迹清晰工整，保存完好。现藏于全国政协档案室。

（全国政协档案室）

《中国人民政治协商会议共同纲领》讨论记录

民主协商的典范

制定《中国人民政治协商会议共同纲领》（以下简称《共同纲领》），是筹建新中国的一项重要的基础性工作。《共同纲领》的起草与定稿，可谓民主协商的典范。

周恩来在中国人民政治协商会议第一届全体会议上所作报告中曾这样描述：初稿写出以后，除各单位自己讨论不计外，经过七次的反复的讨论和修改，计由先后到达北平的政协代表五六百人分组讨论两次，第三小组本身讨论了三次，筹备会常务委员会讨论了两次，广泛地吸收了各方面的意见，然后将草案提交筹备会第二次全体会议作了基本通过。

当年的与会代表章乃器说：分组讨论和大会报告轮番地举行，保证了大家都有充分的发言权，做到了知无不言、言无不尽，做到了反复讨论、不厌求详，做到了多数起了决定作用、少数心悦诚服。这才是真正的、彻底的民主。

由此可见，《共同纲领》的诞生是各方代表集思广益、相互协商的结果，这一过程生动地体现了新民主主义的协商民主。

新政协

中国人民政治协商会议（以下简称人民政协），也称“新政协”，是中国人民爱国统一战线的组织形式。中国共产党领导的多党合作和政治协商制度，是与中国国情和人民民主专政国体相适应的人民民主形式，是中国特色社会主义政治制度的重要组成部分。

新中国成立之际，在召开普选的全国人民代表大会的条件尚不成熟的情况下，新政协的主要使命是代行全国人民代表大会职权，选举产生中央人民政府。在普选的全国人民代表大会召开以后，人民政协的主要职能是政治协商、民主监督、参政议政。

人民政协的产生是由我国拥有多民族、多阶层、多党派的具体国

链接｜旧政协

1945年4月24日，在抗日战争即将胜利之际，毛泽东在中共七大上作题为《论联合政府》的报告，向全国人民表明中国共产党的主张：在广泛民主的基础上，依照一个共同纲领，成立包括各党各派和无党派人士在内的联合政府。同年8月28日，为了争取和平、建立联合政府，毛泽东、周恩来、王若飞代表中国共产党抵达重庆，开始了与国民党历时43天的谈判。同年10月10日，国共双方签订了《国共双方代表会谈纪要》，即“双十协定”，商定次年召开具有广泛代表性的政治协商会议，协商确定组织成立联合政府及相关事宜。1946年1月10日至31日，按照“双十协定”的约定，由国民党代表八人、共产党代表七人、民主同盟代表九人、青年党代表五人和社会贤达代表九人参加的政治协商会议在重庆召开，史称“旧政协”。

情和新民主主义革命进程决定的。直接的理论依据是毛泽东思想中关于新民主主义历史阶段建立革命统一战线和各革命阶级联合专政的思想。直接的实践准备是中国共产党领导的争取人民民主的斗争和抗日民族统一战线的建立。特别是1945年4月毛泽东在中共七大作题为《论联合政府》报告后，中国共产党为此进行的各种努力促成了人民民主统一战线的形成。

在《论联合政府》中，毛泽东提出：新民主主义的国家制度，将是“一个以全国绝大多数人民为基础而在工人阶级领导之下的统一战线的民主联盟的国家制度”；新民主主义的政治制度，将是“一个联合一切民主阶级的统一战线的政治制度”；新民主主义的政权形态，将是“几个民主阶级联盟的新民主主义的国家形态和政权形态”。新民主主义革命胜利后将建立由几个民主阶级组成的联合政府，这个重要思想贯穿了中国共产党筹备建国的全过程。

1947年10月，毛泽东在他起草的《中国人民解放军宣言》中提出八项政策主张，第一项就是联合工农兵学商各被压迫阶级、各人民团体、各民主党派、各少数民族、各地华侨和其他爱国分子，组成民族统一战线，成立民主联合政府。中央十二月会议上，他又将“成立民主联合政府”称为中国共产党最基本的政治纲领。

1948年4月30日至5月7日，中共中央在河北省阜平县城南庄召开了中央书记处扩大会议，通过了《纪念“五一”劳动节口号》（“五一口号”），提出“各民主党派、各人民团体、各社会贤达迅速召开政治协商会议，讨论并实现召集人民代表大会，成立民主联合政府”，拉开了筹建新中国的序幕。1949年春，应中共中央邀请，经周恩来周密安排和精心组织，各民主党派、各人民团体的代表和无党派民主人士，从国民党统治区及香港等地陆续进入解放区，先后抵达北平，正可谓“千流归海，群贤毕至”。

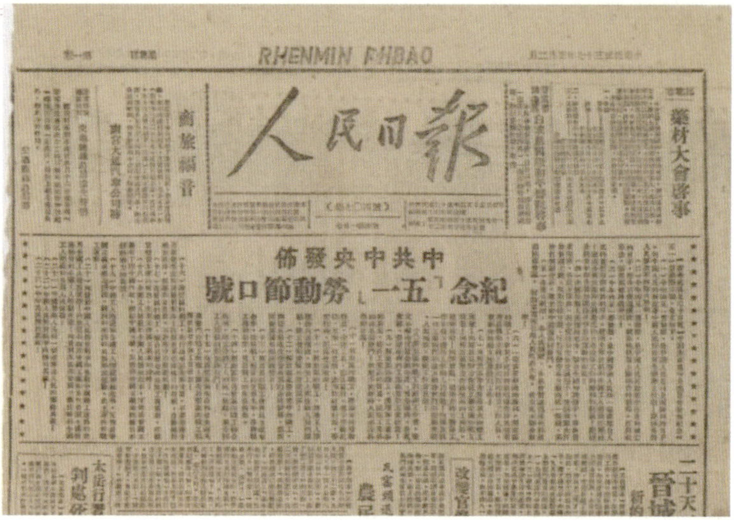

1948年5月2日，《人民日报》登载中共中央发布《纪念“五一”劳动节口号》

1949年1月1日，新华社发表毛泽东撰写的新年献词——《将革命进行到底》，宣布：一九四九年将要召集没有反动分子参加的以完成人民革命任务为目标的政治协商会议，宣告新中国成立，并组成共和国的中央政府。

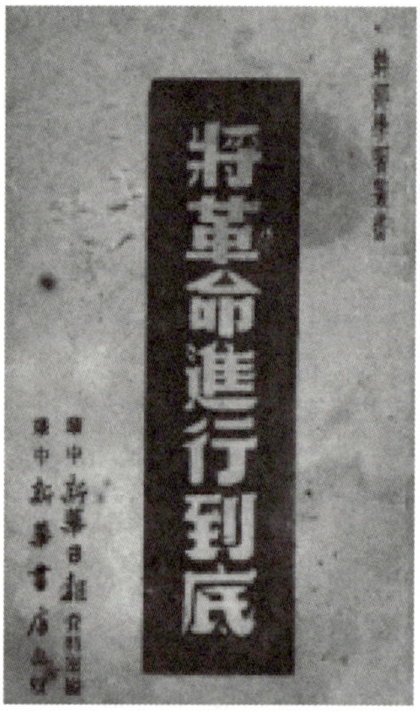

1949年1月1日，《新华日报》发表了毛泽东为新华社撰写的题为《将革命进行到底》的新年献词

1949年6月15日至19日，新政协筹备会第一次全体会议在北平中南海勤政殿召开，成立了以毛泽东为主任的筹备会常务委员会。参加会议的有中国共产党、各民主党派、各人民团体、各界民主人士、国内少数民族、海外华侨等来自23个单位的134名代表。会议设6个小组，分别负责讨论参加新政协的单位及代表名单，起草新政协组织条例，起草新政协《共同纲领》，拟定政府组织法，起草新政协会议宣言，拟定国旗、国徽、国歌方案。新中国政权的筹建工作由此全面展开。

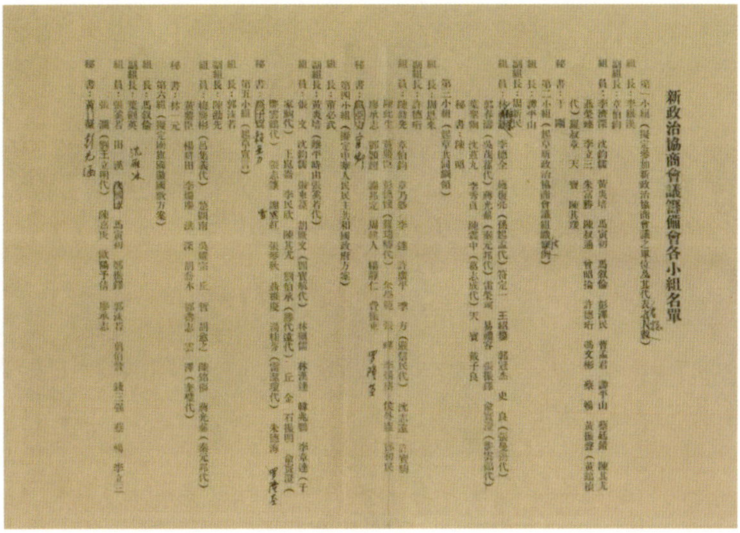

新政治協商會議籌備會各小組名單

第一小組（擬定參加新政治協商會議之單位及其代表名額）
組長：李維漢
副組長：章伯鈞
組員：李濟深 沈鈞儒 黃炎培 馬寅初 馬叙倫 彭澤民 曹孟君 譚平山 蔡廷鍇 陳其尤 聶榮臻 李立三 朱富勝 陳叔通 曾昭掄 許德珩 馮文彬 蔡暢 黃振聲（黃鼎臣代） 羅叔章 天寶 陳其瑗
秘書：于剛

第二小組（擬定新政治協商會議組織條例）
組長：譚平山
副組長：周新民
組員：[illegible] 李德全 施復亮（孫起孟代） 符定一 王紹鏊 郭冠杰 史良（張曼筠代） 郭春濤（吳茂蓀代） 蔣光鼐（麥元邦代） 雷榮珂 易禮容 張振鐸 俞澄寰（[illegible]代） 葉聖陶 沈志遠 李秀貞 陳叔中（[illegible]代） 天寶 龔子良
秘書：陳昭

第三小組（起草共同綱領）
組長：周恩來
副組長：許德珩
組員：陳劭先 章伯鈞 章乃器 李達 許廣平 季方（嚴信民代） 沈志遠 許寶駒 陳此生 黃鼎臣 侯外廬 李燭塵 [illegible] 廖承志 鄧穎超 鄧初民 [illegible] 楊靜仁 費振東

第四小組（擬定中華人民民主共和國政府方案）
組長：董必武
副組長：黃炎培（籌平時由張奚若代）
組員：張文 沈鈞儒 張東蓀 胡厥文（[illegible]代） 林礪儒 林漢達 韓兆鶚 李章達（[illegible]代） 王昆崙 李民欣 陳其尤 劉伯承（滕代遠代） 丘金 石振明 俞寰澄（[illegible]代） 張志讓 譚惕吾 張奚若 聶榮臻 湯桂芬（[illegible]代） 朱德海
秘書：齊燕銘

第五小組（起草宣言）
組長：郭沫若
副組長：陳劭先
組員：鄭振鐸（呂集義代） 黃藥眠 吳耀宗 丘哲 胡愈之 陳銘樞 蔣光鼐（秦元邦代） 黃紹竑 楊剛 田漢 洪深 胡喬木 郭春濤 雲澤（朱嬰代）
秘書：林一元

第六小組（擬定國旗國徽國歌方案）
組長：馬叙倫
副組長：葉劍英
組員：張奚若 田漢 沈雁冰 馬寅初 鄭振鐸 郭沫若 翦伯贊 錢三強 蔡暢 李立三 張瀾（劉王立明代） 陳嘉庚 歐陽予倩 廖承志
秘書：彭光涵

第一小组负责拟定参加新政协的单位及代表名单；第二小组负责起草新政协组织条例；第三小组负责起草《共同纲领》草案；第四小组负责拟定政府组织法；第五小组负责起草大会宣言；第六小组负责拟定国旗、国徽、国歌方案。

1949年9月17日，新政协筹备会第二次全体会议召开，由周恩来报告三个月来的筹备工作。会议一致通过将“新政治协商会议”更名为“中国人民政治协商会议”。

1949年9月21日至30日，中国人民政治协商会议第一届全体会议隆重举行。以这次会议为起点，合作型政党制度和协商民主制度在我国落地生根。

链接｜**多党合作和政治协商制度写入宪法**

1987年，邓小平在审阅党的十三大报告稿时，在“中国共产党领导的多党合作”一句旁边加上了“协商”两个字。1989年，中共中央发布《关于坚持和完善中国共产党领导的多党合作和政治协商制度的意见》，进一步明确了多党合作的方针和基本准则，规定了民主党派参政议政的形式和范围、措施和步骤。1993年，第八届全国人民代表大会第一次会议拟对宪法部分内容进行修改，邀请部分会内外法律工作者，就中国共产党领导的多党合作和政治协商制度写入宪法问题举行座谈，并开展调查研究。最终，第八届全国人民代表大会第一次会议全体代表正式通过宪法修正案，在序言第十自然段末尾增加“中国共产党领导的多党合作和政治协商制度将长期存在和发展”。

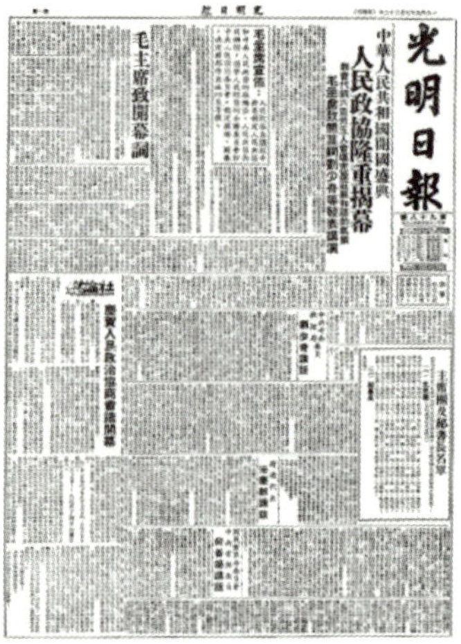

光明日報

中華人民共和國開國盛典

人民政協隆重揭幕

毛主席致開幕詞

1949年9月22日《光明日报》的报道

光明日報

人民政協昨通過六大議案

新中國中央政權組織確立

我人民共和國成立

國際友人紛電祝賀

新的國家·新型的國家

1949年9月28日《光明日报》的报道

诞生记

1948年4月30日，中共中央发布了经毛泽东改定的“五一口号”，号召各民主党派和各界人士迅速召开政治协商会议，成立联合政府。制定各民主党派和各人民团体相互合作、一致遵守的共同纲领，提上中国共产党的议事日程。

1948年10月初，周恩来在西柏坡领导启动了共同纲领草案的起草工作。在李维汉的主持下，起草了《中国人民民主革命纲领草案》第一稿。1949年初经过修改，形成了《中国人民民主革命纲领草案》第二稿。1949年2月27日，周恩来批示将草案第二稿和有关召开新政协会议的其他四个文件汇集在一起，以《新的政治协商会议有关文件》为名集印成册，付诸讨论。

1949年6月15日至19日，新政协筹备会第一次全体会议召开。6月16日，会议决定制定共同纲领草案，并授权筹备会常务委员会第三小组负责起草。

第三小组组长是周恩来，副组长是许德珩。经讨论，第三小组决定由中国共产党负责起草草案初稿。6月下旬，周恩来亲自动手，在中南海勤政殿专心起草共同纲领草案。五易其稿后，于8月21日形成了题为《新民主主义的共同纲领（草案初稿）》的铅印稿。8月22日深夜，周恩来将铅印稿送毛泽东审阅。毛泽东、周恩来、胡乔木等立即对草案初稿进行技术性的结构调整与修改。经过十余天的紧张工作，1949年9月5日形成了《中国人民政治协商会议共同纲领（草案）》。

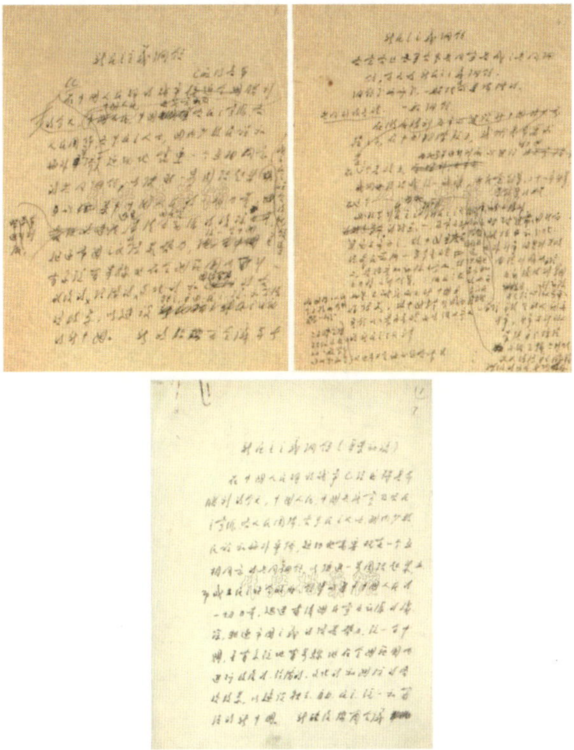

周恩来起草的共同纲领草案手稿

9月13日，新政协筹备会常务委员会第五次会议讨论修改《中国人民政治协商会议共同纲领（草案）》，决定交筹备会全体代表与到达北平的新政协会议代表分组讨论。9月16日，筹备会常务委员会第六次会议在广泛吸收各方面意见的基础上，决定将《共同纲领修改草案》提交次日召开的新政协筹备会第二次全体会议审议。会议基本通过了这个草案，并授权筹备会常务委员会将此草案提交中国人民政治协商会议第一届全体会议审议。

9月21日至30日，中国人民政治协商会议第一届全体会议在中南海怀仁堂举行。9月21日，周恩来报告了《共同纲领》起草经过。29日，会议通过《共同纲领》。

10月1日，中华人民共和国举行开国大典。下午2时，中央人民政府委员会举行第一次会议，中央人民政府主席、副主席及委员宣布就职。会议一致通过决议，接受新政协的《共同纲领》为中央人民政府施政方针。

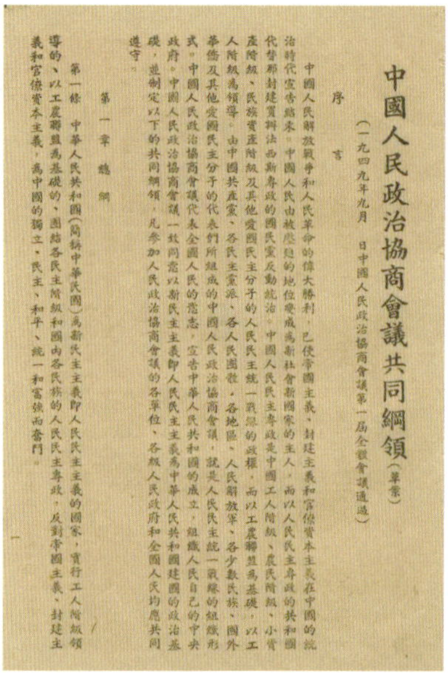
中國人民政治協商會議共同綱領（草案）

（一九四九年九月　日中國人民政治協商會議第一屆全體會議通過）

序言

中國人民解放戰爭和人民革命的偉大勝利，已使帝國主義、封建主義和官僚資本主義在中國的統治時代宣告結束。中國人民由被壓迫的地位變成為新社會新國家的主人，而以人民民主專政的共和國代替那封建買辦法西斯專政的國民黨反動統治。中國人民民主專政是中國工人階級、農民階級、小資產階級、民族資產階級及其他愛國民主分子的人民民主統一戰線的政權，而以工農聯盟為基礎，以工人階級為領導。由中國共產黨、各民主黨派、各人民團體、各地區、人民解放軍、各少數民族、國外華僑及其他愛國民主分子的代表們所組成的中國人民政治協商會議，就是人民民主統一戰線的組織形式。中國人民政治協商會議代表全國人民的意志，宣告中華人民共和國的成立，組織人民自己的中央政府。中國人民政治協商會議一致同意以新民主主義即人民民主主義為中華人民共和國建國的政治基礎，並制定以下的共同綱領，凡參加人民政治協商會議的各單位、各級人民政府和全國人民均應共同遵守。

第一章　總綱

第一條　中華人民共和國（簡稱中華民國）為新民主主義即人民民主主義的國家，實行工人階級領導的、以工農聯盟為基礎的、團結各民主階級和國內各民族的人民民主專政，反對帝國主義、封建主義和官僚資本主義，為中國的獨立、民主、和平、統一和富強而奮鬥。

一

《中国人民政治协商会议共同纲领（草案）》（部分）

主要内容

《共同纲领》是按照毛泽东的人民民主专政思想制定的一部起临时宪法作用的文件，是中国共产党领导的长期革命斗争的经验总结，是新民主主义立宪运动的硕果。

《共同纲领》是总结中国人民近代以后一百多年来的斗争经验，特别是中国共产党领导中国人民反帝、反封建和反对官僚资本主义革命斗争的经验，根据中国国情制定的、符合中国人民利益的法律文件。

《共同纲领》是建国纲领

《共同纲领》明确规定了国家性质，即建立什么样的国家，国家走什么样的道路，并提出了实现以上规定的一系列内政外交政策。

《共同纲领》第一条规定了我国的国体是人民民主专政，“中华人民共和国为新民主主义即人民民主主义的国家，实行工人阶级领导的、以工农联盟为基础的、团结各民主阶级和国内各民族的人民民主专政，反对帝国主义、封建主义和官僚资本主义，为中国的独立、民主、和平、统一和富强而奋斗”。

《共同纲领》确立了我国的政权制度是人民代表大会制度。国体决定了国家的根本性质和历史任务，人民代表大会制度是适应国体要求的最好的国家政权组织形式。《共同纲领》第十二条规定：“中华人民共和国的国家政权属于人民。人民行使国家政权的机关为各级人民代表大会和各级人民政府。各级人民代表大会由人民用普选方法产生之。各级人民代表大会选举各级人民政府。各级人民代表大

链接｜为什么《共同纲领》中未写入“社会主义”？

胡乔木作为亲历者，曾从三个方面总结了毛泽东、刘少奇和周恩来对此问题的回应与解释：“第一，共同纲领是属于国家政权在现阶段的施政纲领，是从客观实际出发、为现阶段需要而制定的，它不应去描绘现阶段尚不能实现的理想。新中国成立以后，中国人民面临的任务就是建设新民主主义，如在共同纲领中过早地写进社会主义目标，就很容易混淆现阶段的实际步骤与将来的理想。第二，新民主主义的共同纲领是在各民主党派、各人民团体和无党派民主人士对新民主主义取得共识的基础上制定的，要把共产党的第二步奋斗目标——社会主义写进国家的基本文件中，也必须经过一个解释、宣传和实践的过程，只有全国人民通过实践认识到这是唯一的最好的前途，才会真正承认它，并愿意为它而奋斗。所以暂时不写上社会主义目标，并不是否定它，而是更加郑重地看待它。第三，纲领的经济部分已实际保证了向社会主义前途迈进。”由此可见，《共同纲领》未写入社会主义，既是维持政党共识，实现党内与党外政治平衡的需要，也是中国共产党基于当时国内社会政治现状而进行的选择，具有强烈的现实主义色彩。尽管没有将社会主义写入《共同纲领》，但是通过把社会主义因素嵌入经济方面的规定，保障了社会主义的发展方向。

会闭会期间，各级人民政府为行使各级政权的机关。国家最高政权机关为全国人民代表大会。全国人民代表大会闭会期间，中央人民政府为行使国家政权的最高机关。”

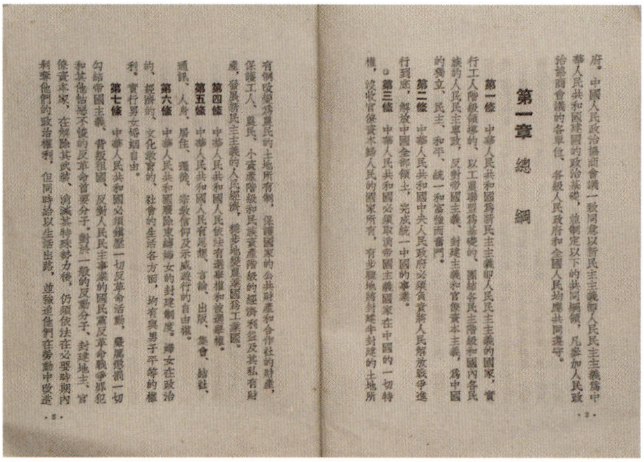

府。中國人民政治協商會議一致同意以新民主主義即人民民主主義為中華人民共和國建國的政治基礎，並制定以下的共同綱領，凡參加人民政治協商會議的各單位、各級人民政府和全國人民均應共同遵守。

第一章 總綱

第一條 中華人民共和國為新民主主義即人民民主主義的國家，實行工人階級領導的、以工農聯盟為基礎的、團結各民主階級和國內各民族的人民民主專政，反對帝國主義、封建主義和官僚資本主義，為中國的獨立、民主、和平、統一和富強而奮鬥。

第二條 中華人民共和國中央人民政府必須負責將人民解放戰爭進行到底，解放中國全部領土，完成統一中國的事業。

第三條 中華人民共和國必須取消帝國主義國家在中國的一切特權，沒收官僚資本歸人民的國家所有，有步驟地將封建半封建的土地所

·2·

有制改變為農民的土地所有制，保護國家的公共財產和合作社的財產，保護工人、農民、小資產階級和民族資產階級的經濟利益及其私有財產，發展新民主主義的人民經濟，穩步地變農業國為工業國。

第四條 中華人民共和國人民依法有選舉權和被選舉權。

第五條 中華人民共和國人民有思想、言論、出版、集會、結社、通訊、人身、居住、遷徙、宗教信仰及示威遊行的自由權。

第六條 中華人民共和國廢除束縛婦女的封建制度。婦女在政治的、經濟的、文化教育的、社會的生活各方面，均有與男子平等的權利。實行男女婚姻自由。

第七條 中華人民共和國必須鎮壓一切反革命活動，嚴厲懲罰一切勾結帝國主義、背叛祖國、反對人民民主事業的國民黨反革命戰爭罪犯和其他怙惡不悛的反革命首要分子。對於一般的反動分子、封建地主、官僚資本家，在解除其武裝、消滅其特殊勢力後，仍須依法在必要時期內剝奪他們的政治權利，但同時給以生活出路，並強迫他們在勞動中改造

·3·

《共同纲领》(部分)

《共同纲领》确立了国家政权机关实行民主集中制。民主集中制既是民主的，又是集中的；是民主与集中的统一。《共同纲领》第十五条规定：“各级政权机关一律实行民主集中制。其主要原则为：人民代表大会向人民负责并报告工作。人民政府委员会向人民代表大会负责并报告工作。在人民代表大会和人民政府委员会内，实行少数服从多数的制度。各下级人民政府均由上级人民政府加委并服从上级人民政府。全国各地方人民政府均服从中央人民政府。”由此可见，从人民选举代表，召开人民代表大会，选举人民政府直到由人民政府在人民代表大会闭会期间行使国家权力，是按照民主集中制原则行使国家权力的过程。

《共同纲领》是权利保障书

《共同纲领》规定了中华人民共和国人民有思想、言论、出版、集会、结社、通讯、人身、居住、迁徙、宗教信仰及示威游行的自由权，又

规定了中华人民共和国国民均有保卫祖国、遵守法律、遵守劳动纪律、爱护公共财产、应征公役兵役和缴纳赋税的义务。

《共同纲领》确立了中国共产党领导的多党合作和政治协商制度

在长期的革命斗争中，中国共产党形成了同各民主党派亲密合作的光荣传统。新中国成立后，中国共产党成为执政党，从《共同纲领》的颁布实施开始，就把中国共产党领导的多党合作和政治协商制度作为一项基本政治制度确定下来。

五四宪法

1954年《宪法》单行本

新中国宪法的发展历程

1954年《宪法》	1975年《宪法》	1978年《宪法》	1982年《宪法》
1954年9月20日 第一届全国人民代表大会第一次会议通过（共106条）	1975年1月17日 第四届全国人民代表大会第一次会议通过（共30条）	1978年3月5日 第五届全国人民代表大会第一次会议通过（共60条）	1982年12月4日 第五届全国人民代表大会第五次会议通过（共138条）

第一部宪法

一个团体要有一个章程，一个国家也要有一个章程，宪法就是一个总章程，是根本大法。

——毛泽东

1954年9月15日至28日，中华人民共和国第一届全国人民代表大会在北京举行。9月20日，全体代表以无记名投票方式进行了表决，一致通过《中华人民共和国宪法》，即1954年《宪法》，又称“五四宪法”。这是中华人民共和国第一部宪法，也是中国历史上第一部社会主义类型的宪法。“五四宪法”是以《共同纲领》为基础，又是对《共同纲领》的发展；既充分反映了全国各族人民的共同愿望和要求，又符合当时的实际情况。它以国家根本法的形式把民主原则和社会主义原则固定下来，使全国人民有了一条清晰的前进道路和一个明确的奋斗目标。

链接｜社会主义道路进入宪法

刘少奇在1954年《关于中华人民共和国宪法草案的报告》中说：我国近代历史中，人们曾长期争论过一个根本问题——中国的出路是什么？是资本主义呢，还是社会主义？对于这个问题，五年来国家发生的巨大变化已作了生动解答，同时也充分证明，由目前复杂的经济结构的社会过渡到单一的社会主义结构的社会，即由目前的新民主主义社会过渡到社会主义社会，是我国应当走的唯一正确的道路。如果继续维持现状，中国就可能变成资本主义。或许有人想走维持现状的道路，既不是资本主义道路，也不是社会主义道路，将我们现在所处的情况维持下去。有些人希望永远保持这种状态，最好不要变。他们说有了《共同纲领》，何必还要宪法呢？社会主义和资本主义这两种相反的生产关系，在一个国家里互不干扰地平行发展，是不可能的，中国不变成社会主义国家，就要变成资本主义国家，要它不变是绝对不可能的。我国要走社会主义道路是确定不移的，要走社会主义道路，就需要由法律形式把我国过渡时期的总任务确定下来。

诞生记

1953年1月，中央人民政府委员会把制定宪法的任务提上日程，成立了宪法起草委员会。同年6月，党在过渡时期的总路线的提出，对宪法起草工作提出了全新要求，即不仅要在《共同纲领》的基础上全面、规范地确立人民民主的原则，还必须遵循社会主义的原则，用国家根本法的形式将过渡时期的总任务确定下来，制定一部向社会主义过渡的宪法。为了保证宪法起草工作顺利进行，1953年底，中共中央成立了一个宪法起草小组，任务是为宪法起草委员会提供可供讨论、修改的宪法草案初稿。宪法的起草，前后差不多七个月。12月24日，毛泽东带领起草小组成员从北京前往杭州，主持起草宪法草案。在列车上，他对随行人员说："治国，须有一部大法。我们这次去杭州，就是为了能集中精力做好这件立国安邦的大事。"

浙江省杭州市北山路84号大院30号楼是宪法起草小组的办公地点。1953年12月28日至1954年3月14日，共77天。毛泽东率领宪法起草小组成员，在这里起草了新中国第一部宪法的草案初稿，史称"西湖稿"，为宪法草案的修改完善和宪法的正式诞生奠定了重要基础。

为了起草宪法，毛泽东和起草小组成员广泛阅读和研究了各类宪法：有中国的，有外国的；有社会主义国家的，有资本主义国家的。毛泽东认为制定本国宪法，参照别国宪法和中国历史上的宪法性文件是完全必要的。毛泽东强调，必须从现时中国的实际出发，制定出具有中国特色的新立法。任何国外的立法也好，或者中国过去的历次立法也好，都只能作为制定新中国立法的参考。同时，毛泽东为起草宪法确定了"以事实为根据，不能凭空臆造"的指导方针，并要求宪法的文风是"能听的人听得懂，能看的人看得懂。让老百姓都能理解宪法"。

宪法起草小组的工作是在毛泽东的亲自领导和参与下进行的。"宪法草案的每一章、每一节、每一条，毛主席都亲自参加了讨论。"1954年1月9日，毛泽东把陈伯达、胡乔木、田家英召集起来，宣布立法起草小组的改革工作正式启动。2月17日，草案初稿完成，虽然比原计划推迟了半个来月，但也只用了不到四十天的时间。其间，由董必武、彭真等人组成的宪法研究小组也来到杭州。在毛泽东主持下，宪法起草小组通读通改，2月24日完成二读稿，26日完成三读稿。毛泽东的秘书田家英承担了很多具体事务和直接修改工作。

链接｜**宪法序言**

毛泽东在研读1918年《苏俄宪法》的过程中，注意到这份宪法将列宁的《被剥削劳动人民权利宣言》放在了前面，作为宪法的第一篇。受此启发，毛泽东决定在新中国宪法总纲的前面也写一段序言。从此，"序言"这个形式成为中华人民共和国宪法的一个特点，一直保持到现在。

少奇同志并中央各同志：

宪法小组的宪法起草工作已于一月九日开始，计划如下：

（一）争取在一月三十一日完成宪法草案初稿并随将此项初稿移送中央各同志阅看。

（二）准备在二月上半月将初稿复议一次，请邓小平、李维汉两同志参加。然后提交政治局（在京各中央委员）讨论初步通过。

（三）三月初提交宪法起草委员会讨论，在三月份内讨论完毕并初步通过。

（四）四月内再由宪法起草小组审议修正，再提交政治局讨论，再提交宪法起草委员会通过。

（五）五月一日由宪法起草委员会将宪法草案公布，交全国人民讨论四个月，以便九月间根据人民意见作必要修正后提交全国人民代表大会作最后通过。

为了在二月间政治局便于讨论计，望各政治局委员及在京的中央委员从现在起即抽暇阅看下列主要参考文件：

（一）一九三六年苏联宪法及斯大林报告（有单行本）；

（二）一九一八年苏俄宪法（见政府办公厅编宪法及选举法资料汇编一）；

（三）罗马尼亚、波兰、德国、捷克等国宪法（人民出版社人民民主国家宪法汇编，该书所辑各国宪法大同小异，罗、波取其较详并有特异之点，其余有时间亦可多看）；

（四）一九一三年天坛宪法草案，一九二三年曹锟宪法，一九四六年蒋介石宪法（见宪法选举资料汇编三，可代表内阁制、联省自治制、总统独裁制三型）；

（五）法国一九四六年宪法（见宪法选举法资料汇编四，可代表较进步完整的资产阶级内阁制宪法）。

有意见望告。

毛泽东

一九五四年一月十五日[4]

"刘少奇同志，并书记处各同志：

现将宪法初稿（五份）派人送上，请加印分送政治局及在京中委各同志，于二月二十日以后的一星期内开会讨论几次，将修改意见交小平、维汉二同志带来这里，再进行讨论修改（约七天左右即够）。然后再交中央讨论，作初步决定（仍是初稿），即可提交宪法起草委员会讨论。因此，小平、维汉原定二十日动身来此的计划，可推迟到月底动身。送初稿的人明（十八）日动身，二十日可到北京。

毛泽东

二月十七日下午十时[5]

从1954年1月9日起，宪法起草小组就投入紧张的起草工作之中；尤其是毛泽东，更是夜以继日地工作，倾注了大量心血。毛泽东在1月15日电函中除通报工作计划外，还特别列出主要参考文件，供各政治局委员及在京各中央委员抽暇阅看。这些参考文件对了解1954年立法具有重要的参考价值。次日，刘少奇便回电："即将来电印发给在京各中委及候补中委，并要他们阅读所列参考文件。"这是新中国成立以来中央最高层领导的第一次系统学法。2月17日，宪法初稿形成后，宪法起草小组即派人送京，并带上毛泽东给刘少奇等同志的电报和信。

3月初，经毛泽东修改和审定的《宪法草案初稿说明》专门就宪法草案在文字上的特点作了解释："宪法是必须在全国人民中间普遍宣传和普遍遵守的，因此，条文固然要尽量简单，文字尤其要尽量通俗。从这个观点出发，宪法草案的文字完全用白话写成，凡是可以避免的难懂的字眼，一律加以避免。"

3月9日，宪法起草小组拿出四读稿。至此，宪法起草小组完成了第一阶段的任务，为中央政治局会议进一步讨论修改宪法草案，提供了一个比较成熟的稿本。

3月17日，毛泽东一行回到北京，立即召集宪法起草委员会委员召开会议讨论宪法草案。为了使宪法尽可能完备，宪法起草委员会还特地邀请相关领域的专家学者参与起草工作，如邀请法学家周鲠生和钱端升为法律顾问，语言学家叶圣陶和吕叔湘为语言顾问。当年才二十多岁，在中国人民大学担任教员的许崇德也有幸入选，他后来成为新中国宪法学的奠基人之一。经过八十多天的广泛讨论和反复修改，宪法草案提交全国人民公开讨论的条件已经成熟。

大讨论

毛泽东领导并发起了关于“五四宪法”的大规模群众性讨论。这是一次坚持民主、践行群众路线的典范，也是“五四宪法”能够成为一部“得到大家拥护”“得人心”的宪法的主要原因。

“五四宪法”历史资料陈列馆北山街馆区主题陈列
——毛泽东批改宪法草案的手稿的展柜

第一次大讨论 全国政协、各大行政区、各省市自治区党政机关、军队领导机关，以及各民主党派和各人民团体，共8000多人，用了两个多月的时间，对宪法草案初稿进行了讨论，提出修改意见5900多条。经过这一次的广泛讨论和反复修改，正式的宪法草案得以形成。

第二次大讨论 1954年6月14日，毛泽东主持召开中央人民政府委员会第三十次会议，提出“搞宪法就是搞科学”的论断。会议决定将《中华人民共和国宪法草案》提请中央人民政府委员会审查通过后公布，在全国人民中组织公开讨论。全民讨论进行了近三个月，共有1.5亿多人参加。所提意见经过当地党政部门收集，及时上报中央，由宪法起草委员会汇总整理成14册，共118万余条。许崇德回忆说：“1954年发生了特大洪灾。大水冲掉了公路、铁路，交通中断了，当时的讨论意见用飞机运送到北京来，那真是感动人。”

第三次大讨论 中央人民政府委员会在1954年9月9日举行第三十四次会议。9月14日举行中央人民政府委员会临时会议，讨论并通过了根据全民讨论的意见修改后的草案；临时会议的参加者大多数是将要出席全国人民代表大会的代表，他们对“五四宪法”草案作了最后修改，9月15日送全国人民代表大会审议。随后的几天，人大代表们对立法草案展开了热烈深入的讨论，大家纷纷提出自己的意见和建议。这些意见建议经过筛选后，编订成册，会后进行统一筹办。从此，人大代表意见建议的筹办制度形成并保留至今。

链接｜**首都人民大讨论**

宪法草案公布后，北京市宪法草案讨论委员会培训了4000名报告员，在工厂、企业、机关、学校、建筑工地、乡村、街道等宣讲宪法草案。全市5000多块黑板用来宣传宪法草案。北京人民广播电台每天向全市人民进行宪法草案的解说。各高等学校、文艺界、街道居民、少数民族、工商界、宗教界等分别进行了三次或四次讨论。

人民的宪法

经过全国性大讨论，宪法草案又作了一些重要修改。1954年9月15日下午3时，中华人民共和国第一届全国人民代表大会第一次会议在中南海怀仁堂隆重开幕。刘少奇受宪法起草委员会的委托作了《关于中华人民共和国宪法草案的报告》。9月20日下午3时，代表们怀着无比兴奋的心情走进会场。下午4时45分，投票开始。为使投票顺利进行，代表席按座位划分为八个投票区，每区设置票箱一个，代表们分区同时投票。下午4时55分，投票结束。下午5时55分，执行主席根据计票人和监票人的报告，向会议代表宣布：投票数1197张，同意票1197张，《中华人民共和国宪法》全票通过。新中国第一部宪法的通过为中国社会发展进程树立了光辉的里程碑。

为了纪念这一盛事，当年很多人给自己的孩子起名叫“宪法”，一时之间，“李宪法”“王宪法”……遍及大江南北。

据新华社报道，首都大街小巷和高大建筑物上，都悬挂了五星红旗，庆祝《中华人民共和国宪法》的颁布。很多工厂、机关、商店、学校的门前都张贴了彩色标语，举行了庆祝会、座谈会。每个阅报栏前从早到晚人群拥挤。这一天北京邮局的报纸零售比平日增加了七万八千多份。夜里，人们又涌向天安门广场纵情歌舞。

上海市人民在热闹的锣鼓声和爆竹声中庆祝《中华人民共和国宪法》的诞生。全市五星红旗迎风飘扬，黄浦江上的轮船也挂起了国

链接｜**宪法是为了人民**

黄炎培代表在发言中说：我来报告一个事实。有一位在地方基层组织工作的女同志，在她向人民群众传达宪法草案之后，对我说，人民群众初听到“宪法”两个字，完全不懂，说：“什么叫作宪法？”等我一条一条讲给他们听了之后，大家跳起来了，说：“那么，这宪法完全是为了我们搞起来的了。我们要好好学习，好好照着它做才是。”这一件事，这几句话，恰恰代表一般人民群众对这部宪法的内心感受，说明这部宪法真正是人民的宪法。

旗，广播里放送着第一届全国人民代表大会第一次会议通过宪法的实况录音。报喜车和报喜队在大小马路上络绎不绝。许多插着红旗的电车和公共汽车在南京东路闹腾腾的人群中驶过，车内的乘客和车外报喜队的欢呼声，和着广播里的欢呼声响成了一片。

主要内容

“五四宪法”包括序言、总纲、国家机构、公民的基本权利和义务、国旗国徽首都，共106条，这是一部结构完整的宪法。

“五四宪法”取消了《共同纲领》中过时的规定，增加了新的内容，通篇贯穿着人民民主和社会主义两个原则。其中，社会主义原则在《共同纲领》中是“暂时不写出来”的。所以说，《共同纲领》是一部起临时宪法作用的文件，“五四宪法”则是一部社会主义类型的宪法。

“五四宪法”的基本内容是：

序言确定“从中华人民共和国成立到社会主义社会建成，这是一个过渡时期”，宣布“国家在过渡时期的总任务是逐步实现国家的社会主义工业化，逐步完成对农业、手工业和资本主义工商业的社会主义改造”。序言还规定实现总任务的三个条件是：统一战线、民族团结和同全世界人民的联合。

第一章“总纲”规定国体是“工人阶级领导的、以工农联盟为基础的人民民主国家”，政体是民主集中制的人民代表大会制度。各民族一律平等。我国主要有国家所有制、合作社所有制、个体劳动者所有制、资本家所有制，并规定国营经济是国民经济中的领导力量，保证其优先发展。国家保护公民的各种生活资料的所有权和私有财产的继承权等。

第二章“国家机构”中确立了民主集中制的国家机构组织活动原则，分别规定全国人民代表大会及其常委会、中华人民共和国主席、国务院、地方各级人民代表大会和地方各级人民委员会、民族自治地方的自治机关、人民法院和人民检察院等国家机关的性质、地位、组成、职权和工作程序。

第三章“公民的基本权利和义务”中规定公民在法律上一律平等。公民享有选举权和被选举权，享有言论、出版、集会、结社、游行、示威的自由；宗教信仰自由；人身自由；住宅不受侵犯、通信秘密受保护、居住和迁徙自由；享有劳动权，休息权，物质帮助权，受教育权，进行科研、文艺创作等文化活动的自由；享有监督控告权；对妇女、青年、儿童及国外华侨等的权利保护。还规定了公民必须履行的若干基本义务。

第四章“国旗、国徽、首都”规定了中华人民共和国的国旗、国徽、首都。

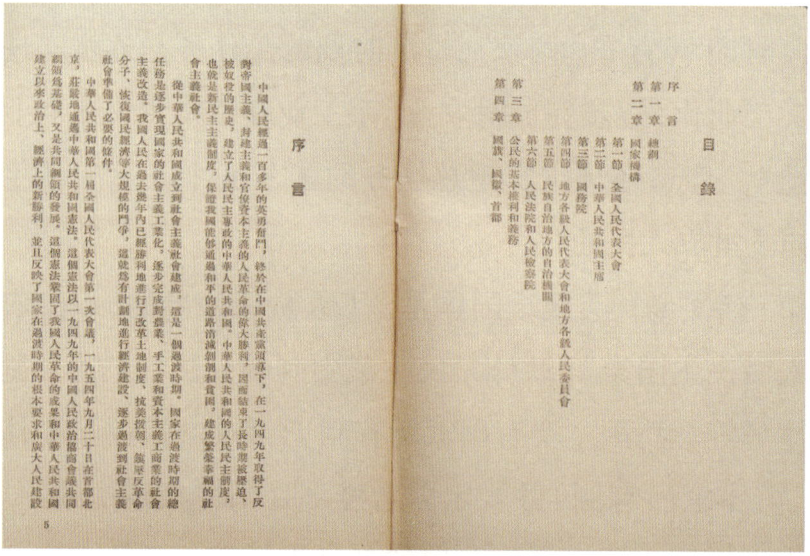

目錄

序言

中國人民經過一百多年的英勇奮鬥，終於在中國共產黨領導下，在一九四九年取得了反對帝國主義、封建主義和官僚資本主義的人民革命的偉大勝利，因而結束了長時期被壓迫、被奴役的歷史，建立了人民民主專政的中華人民共和國。中華人民共和國的人民民主制度，也就是新民主主義制度，保證我國能夠通過和平的道路消滅剝削和貧困，建成繁榮幸福的社會主義社會。

從中華人民共和國成立到社會主義社會建成，這是一個過渡時期。國家在過渡時期的總任務是逐步實現國家的社會主義工業化，逐步完成對農業、手工業和資本主義工商業的社會主義改造。我國人民在過去幾年內已經勝利地進行了改革土地制度、抗美援朝、鎮壓反革命分子、恢復國民經濟等大規模的鬥爭，這就爲有計劃地進行經濟建設、逐步過渡到社會主義社會準備了必要的條件。

中華人民共和國第一屆全國人民代表大會第一次會議，一九五四年九月二十日在首都北京，莊嚴地通過中華人民共和國憲法。這個憲法以一九四九年的中國人民政治協商會議共同綱領爲基礎，又是共同綱領的發展。這個憲法鞏固了我國人民革命的成果和中華人民共和國建立以來政治上、經濟上的新勝利，並且反映了國家在過渡時期的根本要求和廣大人民建設

5

五四宪法（部分）

历史地位和意义

作为新中国的第一部社会主义类型的宪法，1954年《宪法》是在新中国从新民主主义向社会主义过渡时期制定和颁布的，它正确恰当地结合了人民民主与社会主义的原则性和逐步过渡的灵活性，不仅巩固了中国人民革命胜利的历史成果和新中国成立以来政治上、经济上的新胜利，而且把实际生活中已经发生的重大社会变革用法律的形式肯定下来，反映了过渡时期国家发展的根本要求和全国人民通过实践形成的建立社会主义社会的共同意愿。1954年《宪法》的制定和实施，不仅极大地提高了广大人民的宪法意识和国家观念，更对巩固人民民主专政、促进社会主义经济发展、团结全国各族人民进行社会主义革命和建设，发挥了积极的推动和保障作用。

七五宪法和七八宪法

我国第二部宪法是1975年1月17日第四届全国人民代表大会第一次会议通过的，经重新修改制定的《中华人民共和国宪法》又称“七五宪法”，共30条。第三部宪法是1978年3月5日第五届全国人民代表大会第一次会议通过的，经重新修改制定的《中华人民共和国宪法》又称“七八宪法”，共60条。这两部宪法的存在时间都不长，带有明显的阶级斗争色彩；尤其是“七五宪法”，虽然在结构、内容和原则上部分继承了“五四宪法”，但在基本观念和内容体系上偏离了“五四宪法”的精神。

“七五宪法”只实施三年便被“七八宪法”取代。相较“七五宪法”来说，“七八宪法”在宪法发展目标、内容和规范性等方面都有一定的进步和完善，一定程度上恢复了“五四宪法”的原则和内容，但仍然存在与社会主义民主和法制原则不一致的缺陷。

八二宪法

1982年《宪法》

现行宪法

我国宪法以国家根本法的形式，确立了中国特色社会主义道路、中国特色社会主义理论体系、中国特色社会主义制度的发展成果，反映了我国各族人民的共同意志和根本利益，成为历史新时期党和国家的中心工作、基本原则、重大方针、重要政策在国家法制上的最高体现。

——习近平

“八二宪法”作为现行宪法，在制度建构上较前三部宪法有了较大的进步，突出了宪法的最高法律地位，扩大了公民的基本权利，把社会主义民主扩大到政治生活、经济生活和社会生活的各个方面。

诞生记

党的十一届三中全会后，邓小平等中央领导人高度重视宪法的修改及其实施。1980年8月18日，邓小平在中央政治局扩大会议上指出：要使我们的宪法更加完备、周密、准确，能够切实保证人民真正享有管理国家各级组织和企事业的权利，享有充分的公民权利……关于不允许权力过分集中的原则，也将在宪法中表现出来。这些论述为修改形成“八二宪法”指明了方向。

1980年9月10日，第五届全国人民代表大会第三次会议通过决议，通过了中共中央提出的修改宪法的建议和宪法修改委员会名单。宪法修改委员会由叶剑英任主任委员，宋庆龄、彭真任副主任委员，委员中包括了中央政治局及中央书记处的全体同志，以及全国人大常委会副委员长、国务院副总理、全国政协副主席和各民主党派负责人、无党派代表人士等，是一个代表性很强、权威性很高的机构。9月15日，叶剑英主持召开宪法修改委员会第一次全体会议，决定设立

链接 | 第一部公开表决结果的法律

“八二宪法”表决后的投票结果显示3037票赞成，3票弃权。对于第一次出现的弃权票现象，新华社记者如实报道，获得了中央高层领导的赞同。于是，“八二宪法”成为共和国立法史上第一部公开表决结果的法律项目；这使“八二宪法”自诞生那一刻便散发出不同寻常的革新气象，也成为日后立法公开化、透明化的一个重要起点。

秘书处作为工作班子，负责宪法修改的具体工作，胡乔木任秘书长。1981年7月后由彭真直接主持宪法修改工作。

“八二宪法”的起草是凝聚社会共识的过程。1980年，宪法修改委员会秘书处便将“五四宪法”和“七八宪法”发给各地方、各部门、各界人士，请他们对这两部宪法“哪些留、哪些改、哪些删、哪些加”提出意见。从1980年9月到1981年6月，秘书处先后邀请全国的专家、学者和有关部门负责人围绕宪法修改问题，进行了十三次座谈。秘书处还分别拜访了中央国家机关、民主党派、各人民团体负责人，听取意见。

宪法修改委员会在广泛听取干部、群众、专家、学者意见的基础上，五易其稿。1982年4月26日，第五届全国人民代表大会常务委员会第二十三次会议通过了《全国人民代表大会常务委员会关于公布〈中华人民共和国宪法修改草案〉的决议》。

会后，全国人民代表大会常务委员会向社会公布了宪法修改草案，交付全国人民讨论。许崇德回忆，这次全民讨论，有几亿人参加，持续的时间比“五四宪法”草案的全民讨论还长了一个月，达四个月，参与规模之大、群众热情之高，前所未有。令他印象深刻的是，“这次除了有地方统一汇总寄来的意见外，还有许多民众单独寄来自己的意见。我记得，江西省原省委书记杨尚奎提的意见，是亲自用毛笔写的，字体工工整整，而且篇幅很长”。

经过充分审议和周密调研，历经两年零三个月，1982年12月4日，第五届全国人民代表大会第五次会议听取了彭真所作的宪法修改草案报告，并以无记名投票方式表决通过了宪法。到会代表3040人，赞成票3037张，弃权票3张，反对票0张。当天，这一表决结果即向社会公布。

主要内容

“八二宪法”的修改和讨论工作由邓小平亲自指导，前后进行了两年之久。他高瞻远瞩、深思熟虑，果断提出修改宪法的建议，对新宪法起草过程中遇到的重大问题，特别是国家体制方面的一系列问题，都及时明确地提出了意见。

“八二宪法”包括序言、总纲、公民的基本权利和义务、国家机构、国旗国徽首都，共138条。包括人民代表大会制度、民族区域自治制度、统一战线制度、民主集中制、法律面前人人平等原则等，基本上沿用了“五四宪法”的总体定位，并采用列举的方式规定了公民较为全面和广泛的基本权利保障模式。

“八二宪法”与中国改革开放进程相伴而行，主要内容变化有：

- 国家性质由“无产阶级专政”恢复为“人民民主专政”。
- 把“公民的基本权利和义务”放在“国家机构”之前。
- 比较完整地确立了以人民代表大会为核心的国家机关框架。
- 恢复设立国家主席。
- 首次将人民政协的性质、地位和作用写入宪法。
- 恢复“法律面前人人平等”这一原则。
- 承认国营、集体、个体三种经济都不可缺少。
- 提出以经济建设为中心，坚持四项基本原则，坚持改革开放。
- 设立乡政府作为基层政权，普遍成立村民委员会作为基层群众自治组织。

伍 现行宪法面面观

根本法

宪法是根本法

> **宪法是法律的法律。**
>
> **——马克思**

“八二宪法”明确了宪法作为根本法的性质和地位。宪法序言中规定：“本宪法以法律的形式确认了中国各族人民奋斗的成果，规定了国家的根本制度和根本任务，是国家的根本法，具有最高的法律效力。”

宪法的根本法地位体现在：

从内容上看，宪法规定的是国家最根本、最重要的制度和最基本的国策：不仅规定国体、政体以及公民的基本权利和义务，而且规定物质文明、政治文明、精神文明、社会文明和生态文明建设等内容。

从制定和修改的程序上看，宪法比一般法律的制定和修改程序更为严格，如宪法的修改要由全国人大常委会或者五分之一以上的全国人民代表大会代表提议，并经全国人大全体代表的三分之二以上多数通过。

从效力上看，在国家法律体系中，一切法律法规都必须以宪法为依据，不得同宪法相抵触。任何组织和个人都不得有超越宪法和法律的特权。

以宪法为统帅的中国特色社会主义法律体系

2011年3月10日，第十一届全国人民代表大会第四次会议庄严宣告：一个立足中国国情和实际、适应改革开放和社会主义现代化建设需要、集中体现党和人民意志的，一个以宪法为统帅，以宪法相关法、民法商法等多个法律部门的法律为主干，由法律、行政法规、地方性法规等多个层次的法律规范构成的中国特色社会主义法律体系已经形成。

中国特色社会主义法律体系就像是一棵树，主干是宪法，枝干是法律，而各个枝丫就是法规和规章；这是对以宪法为统帅的具有中国特色的社会主义法律体系的形象表达。我国的社会主义制度是由宪法予以确认的，社会生活各个方面的具体制度由宪法相关法、民法商法等法律进行规定，更加具体的内容则由法规和规章等加以规定。

链接｜根本法观念的发展

根本法观念的发展经历了两个阶段：成文宪法前阶段和成文宪法阶段。在成文宪法出现以前，根本法观念在中西方政治思想史上已经持续存在，一般是指一个共同体长期以来约定俗成的不容置疑的价值和规矩。例如，中国的《国语·晋语九》中“赏善罚奸，国之宪法”一语，就是说“赏善罚奸”是国家的根本原则。

美国宪法将国家的根本原则和制度法典化，根本法的地位由此得以确立。1787年美国制宪会议接受了这样一个观念——宪法不得通过普通立法程序修改。从此以后，“成文宪法即根本法”的观念逐渐在全球普及。

宪法结构与内容

我国现行宪法分为序言、总纲、公民的基本权利和义务、国家机构、国旗国歌国徽首都五个部分，共143条。

序言

宪法序言一般位于宪法的总纲之前，不属于宪法的正文，字数一般在几十字到上万字不等。就宪法序言所规定的内容而言，一般涉及该国的历史传统、革命史、制宪史、建国的基本原则、建国理念、国家信仰、建国目的、宪法地位等内容。

链接｜**宪法与其他部门法的关系**

2011年10月27日，国务院新闻办公室发布《中国特色社会主义法律体系》白皮书，指出："宪法是中国特色社会主义法律体系的统帅。宪法是国家的根本法，在中国特色社会主义法律体系中居于统帅地位，是国家长治久安、民族团结、经济发展、社会进步的根本保障。"2011年全国人大常委会工作报告和白皮书对我国法律体系的描述与2001年有所不同：2001年，宪法及其相关法一起作为七大部门法中的一类；2011年，宪法被单列出来。这一调整彰显了宪法的最高地位，也符合宪法在法律体系中的地位。

现行宪法序言有十三个自然段，是现行宪法整体结构的有机组成部分，是理解国家主要历史、基本理论、根本精神以及解释中国宪法具体条款的重要依据。需要特别指出的是，现行宪法序言也含有宪法规范，其与宪法正文具有同等的最高法律效力。

现行宪法序言的内容包括：

历史叙事

第一至第六自然段是关于中国革命、建设、改革的历史叙事。

第一至第二自然段：历史文化传统 表明现行宪法承载着中华民族的文明和革命传统，近代中国沦为半殖民地、半封建国家，中国人民进行了英勇斗争。

第三至第五自然段：中国民主革命史 叙述了二十世纪上半叶，在翻天覆地的伟大变革中，孙中山领导了旧民主主义革命，创立了中华民国，但未完成反帝反封建的历史任务。中国共产党领导的新民主主义革命是对旧民主主义革命的继承和发展，最后推翻“三座大山”，建立了中华人民共和国，从此，中国人民成为国家的主人。

第六自然段：新中国建设 从政治、经济、国防、民生和社会事业各方面总结了社会主义建设的成就。

链接｜宪法结构知多少

普通法系各国的宪法一般结构简单，没有总纲和国家象征的规定。例如，美国宪法仅由序言、国家机关、宪法的修改与生效以及权利法案四部分组成。

大陆法系国家的宪法结构一般比较完整。例如，法国宪法除序言、总纲、国家机关、国旗国歌以及宪法的保障和修改等规定外，还将人权宣言作为公民基本权利规范予以确认。

指导思想和奋斗目标

第七自然段：党和国家发展的指导思想和奋斗目标

指导思想：中国各族人民将继续在中国共产党领导下，在马克思列宁主义、毛泽东思想、邓小平理论、“三个代表”重要思想、科学发展观、习近平新时代中国特色社会主义思想指引下，坚持人民民主专政，坚持社会主义道路，坚持改革开放。

毛泽东思想

在革命斗争中，以毛泽东同志为主要代表的中国共产党人，把马克思列宁主义基本原理同中国具体实际相结合，对经过艰苦探索、付出巨大牺牲积累的一系列独创性经验作了理论概括，开辟了农村包围城市、武装夺取政权的正确革命道路，创立了毛泽东思想，为夺取新民主主义革命胜利指明了正确方向。

在社会主义革命和建设时期，毛泽东同志提出把马克思列宁主义基本原理同中国具体实际进行“第二次结合”，以毛泽东同志为主要代表的中国共产党人，结合新的实际丰富和发展毛泽东思想，提出关于社会主义建设的一系列重要思想，包括社会主义社会是一个很长的历史阶段，严格区分和正确处理敌我矛盾和人民内部矛盾，正确处理我国社会主义建设的十大关系，走出一条适合我国国情的工业化道路，尊重价值规律，在党与民主党派的关系上实行“长期共存、互相监督”的方针，在科学文化工作中实行“百花齐放、百家争鸣”的方针等。这些独创性理论成果至今仍有重要指导意义。

毛泽东思想是马克思列宁主义在中国的创造性运用和发展，是被实践证明了的关于中国革命和建设的正确的理论原则和经验总结，是马克思主义中国化的第一次历史性飞跃。毛泽东思想的活的灵魂是贯穿于各个组成部分的立场、观点、方法，体现为实事求是、群众路线、独立自主三个基本方面，为党和人民事业发展提供了科学指引。

——《中共中央关于党的百年奋斗重大成就和历史经验的决议》

链接｜**四项基本原则的渊源**

四项基本原则是指坚持社会主义道路，坚持人民民主专政，坚持中国共产党的领导，坚持马克思列宁主义、毛泽东思想。“五四宪法”虽然还没有“四项基本原则”这个提法，但是，它的具体内容已有所体现。1954年6月14日，毛泽东在《关于中华人民共和国宪法草案》的讲话里讲到了宪法草案结合了原则性和灵活性，“原则基本上是两个：民主原则和社会主义原则”。同年9月15日，毛泽东又在第一届全国人民代表大会第一次会议开幕词中讲到：“领导我们事业的核心力量是中国共产党。指导我们思想的理论基础是马克思列宁主义。”

邓小平理论

党的十一届三中全会以后，以邓小平同志为主要代表的中国共产党人，团结带领全党全国各族人民，深刻总结新中国成立以来正反两方面经验，围绕什么是社会主义、怎样建设社会主义这一根本问题，借鉴世界社会主义历史经验，创立了邓小平理论，解放思想，实事求是，作出把党和国家工作中心转移到经济建设上来、实行改革开放的历史性决策，深刻揭示社会主义本质，确立社会主义初级阶段基本路线，明确提出走自己的路、建设中国特色社会主义，科学回答了建设中国特色社会主义的一系列基本问题，制定了到二十一世纪中叶分三步走、基本实现社会主义现代化的发展战略，成功开创了中国特色社会主义。

——《中共中央关于党的百年奋斗重大成就和历史经验的决议》

“三个代表”重要思想

党的十三届四中全会以后，以江泽民同志为主要代表的中国共产党人，团结带领全党全国各族人民，坚持党的基本理论、基本路线，加深了对什么是社会主义、怎样建设社会主义和建设什么样的党、怎样建设党的认识，形成了“三个代表”重要思想，在国内外形势十分复杂、世界社会主义出现严重曲折的严峻考验面前捍卫了中国特色社会主义，确立了社会主义市场经济体制的改革目标和基本框架，确立了社会主义初级阶段公有制为主体、多种所有制经济共同发展的基本经济制度和按劳分配为主体、多种分配方式并存的分配制度，开创全面改革开放新局面，推进党的建设新的伟大工程，成功把中国特色社会主义推向二十一世纪。

——《中共中央关于党的百年奋斗重大成就和历史经验的决议》

科学发展观

党的十六大以后，以胡锦涛同志为主要代表的中国共产党人，团结带领全党全国各族人民，在全面建设小康社会进程中推进实践创新、理论创新、制度创新，深刻认识和回答了新形势下实现什么样的发展、怎样发展等重大问题，形成了科学发展观，抓住重要战略机遇期，聚精会神搞建设，一心一意谋发展，强调坚持以人为本、全面协调可持续发展，着力保障和改善民生，促进社会公平正义，推进党的执政能力建设和先进性建设，成功在新形势下坚持和发展了中国特色社会主义。

——《中共中央关于党的百年奋斗重大成就和历史经验的决议》

习近平新时代中国特色社会主义思想

以习近平同志为主要代表的中国共产党人，坚持把马克思主义基本原理同中国具体实际相结合、同中华优秀传统文化相结合，坚持毛泽东思想、邓小平理论、“三个代表”重要思想、科学发展观，深刻总结并充分运用党成立以来的历史经验，从新的实际出发，创立了习近平新时代中国特色社会主义思想。

习近平同志对关系新时代党和国家事业发展的一系列重大理论和实践问题进行了深邃思考和科学判断，就新时代坚持和发展什么样的中国特色社会主义、怎样坚持和发展中国特色社会主义，建设什么样的社会主义现代化强国、怎样建设社会主义现代化强国，建设什么样的长期执政的马克思主义政党、怎样建设长期执政的马克思主义政党等重大时代课题，提出一系列原创性的治国理政新理念新思想新战略，是习近平新时代中国特色社会主义思想的主要创立者。

习近平新时代中国特色社会主义思想是当代中国马克思主义、二十一世纪马克思主义，是中华文化和中国精神的时代精华，实现了马克思主义中国化新的飞跃。党确立习近平同志党中央的核心、全党的核心地位，确立习近平新时代中国特色社会主义思想的指导地位，反映了全党全军全国各族人民共同心愿，对新时代党和国家事业发展、对推进中华民族伟大复兴历史进程具有决定性意义。

——《中共中央关于党的百年奋斗重大成就和历史经验的决议》

奋斗目标：把我国建设成为富强民主文明和谐美丽的社会主义现代化强国，实现中华民族伟大复兴。

链接｜**中国式现代化**

党的二十大报告首次正式在党的文件中确认了“中国式现代化”的概念。党的二十大报告指出：中国式现代化，是中国共产党领导的社会主义现代化，既有各国现代化的共同特征，更有基于自己国情的中国特色。党的二十大报告提出中国式现代化具有五项基本特征，包括：人口规模巨大的现代化，全体人民共同富裕的现代化，物质文明和精神文明相协调的现代化，人与自然和谐共生的现代化以及走和平发展道路的现代化。党的二十大报告还进一步强调了中国式现代化的九项本质要求，即坚持中国共产党领导，坚持中国特色社会主义，实现高质量发展，发展全过程人民民主，丰富人民精神世界，实现全体人民共同富裕，促进人与自然和谐共生，推动构建人类命运共同体以及创造人类文明新形态。

中国特色社会主义
“五位一体”总体布局

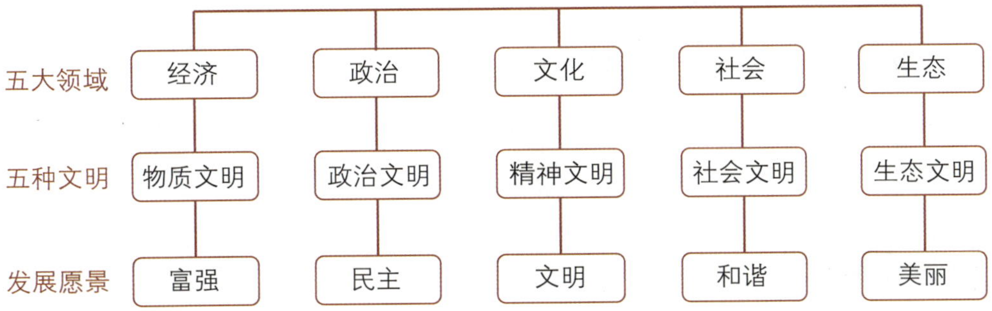

党的十八大报告提出中国特色社会主义“五位一体”的总体布局，就是要实现经济、政治、文化、社会、生态五大领域的协调建设，促进物质文明、政治文明、精神文明、社会文明、生态文明五种文明形态的形成。2018年宪法修正案把它们作为国家的根本任务确定下来，也就是说，我们所要建设的社会主义国家，是要实现与五种文明形态相对应的五种发展愿景，即实现富强、民主、文明、和谐、美丽五种发展愿景的协调发展的强国，是实现中华民族伟大复兴的社会主义现代化强国。

基本政策

第八至第十二自然段阐述了我国的各项基本政策。

第八自然段：对敌斗争 宣告剥削阶级已经消灭，但是中国人民对敌视和破坏我国社会主义制度的国内外敌对势力和敌对分子，必须进行斗争。

第九自然段：国家统一 强调台湾是我国神圣领土的一部分，完成统一祖国的大业是全中国人民的神圣职责。

第十自然段：多党合作和政治协商制度 爱国统一战线是由中国共产党领导的，有各民主党派和各人民团体参加的，包括全体社会主义劳动者、社会主义事业的建设者、拥护社会主义的爱国者、拥护祖国统一和致力于中华民族伟大复兴的爱国者组成的广泛的政治联盟。中国人民政治协商会议是具有广泛代表性的统一战线组织。中国共产党领导的多党合作和政治协商制度将长期存在和发展。

第十一自然段：民族政策 中华人民共和国是统一的多民族国家，确立并继续加强平等团结互助和谐的社会主义民族关系。

第十二自然段：外交政策 中国坚持独立自主的对外政策，坚持和平共处五项原则，即互相尊重主权和领土完整、互不侵犯、互不干涉内政、平等互利、和平共处，推动构建人类命运共同体。

宪法效力

第十三自然段：宪法的最高法律效力 宪法以法律的形式确认了中国各族人民奋斗的成果，规定了国家的根本制度和根本任务，是国家的根本法，具有最高的法律效力。

总纲

内容框架

2018年3月11日，我国现行宪法进行了第五次修正，修正后的宪法共143条，其中总纲有32条，占全部宪法条文的22%。目前《宪法》总纲主要包括以下几个方面：第一，规定我国的国体和政体；第二，规定我国社会制度的基本原则；第三，规定我国的基本政治制度以及基本经济制度；第四，规定我国的文化政策以及社会保障制度；第五，规定其他有关的国家原则和基本政策。

具体而言：

第一至第五条 人民民主专政、社会主义制度、中国共产党的领导、人民代表大会制度、民主集中制原则、民族政策、法治原则。

第六至第十八条 社会主义公有制、按劳分配制度、国有经济、集体经济、自然资源所有权、土地所有权、个体经济、私营经济、公共财产、私有财产、企业经营管理、社会保障制度、社会主义市场经济、国有企业、集体经济组织、外资企业。

第十九至第二十六条 教育事业、科技事业、卫生事业、文学艺术事业、知识分子政策、精神文明建设、计划生育、生态环境保护。

第二十七条 国家机关工作原则及工作人员就职宣誓。

第二十八条 国家安全及社会秩序维护。

第二十九条 国家武装力量。

第三　十条 行政区划。

第三十一条 特别行政区。

第三十二条 外国人权利保护。

人民民主专政

人民民主专政是毛泽东对马克思提出的无产阶级专政的创造性继承和发展。

链接｜**我国的民主党派**

我国有八个民主党派，分别为：

（1）中国国民党革命委员会（简称“民革”），1948年1月在香港成立，主要成员为国民党民主派和其他爱国民主力量。

（2）中国民主同盟（简称“民盟”），原称中国民主政团同盟，1941年3月在重庆成立，主要成员为文化教育、科学技术界的高中级知识分子。

（3）中国民主建国会（简称“民建”），1945年12月在重庆成立，主要成员为爱国的民族工商企业家及其所联系的知识分子。

（4）中国民主促进会（简称“民进”），1945年12月在上海成立，主要成员为教育、文化、出版界的高中级知识分子。

（5）中国农工民主党（简称“农工党”），1930年8月在上海成立，主要成员为医药卫生、人口资源和生态环境领域的高中级知识分子。

（6）中国致公党（简称“致公党”），1925年10月在美国旧金山成立，主要成员为归侨、侨眷和其他有海外关系的代表人士、专家学者。

（7）九三学社，1946年5月在重庆成立，主要成员为科学技术界的高中级知识分子。

（8）台湾民主自治同盟（简称“台盟”），1947年11月在香港成立，主要成员为中国台湾爱国人士。

《论人民民主专政》是1949年毛泽东发表的唯一一篇署名文章，这是毛泽东为纪念中国共产党成立28周年撰写的。早在1948年年底，毛泽东就提出“人民民主专政”的概念，但没作具体阐释。随着形势的发展和需要，毛泽东逐渐将纪念“七一”文稿的主题聚焦于“人民民主专政”。原标题为《二十八年》，后改为《论人民民主专政——纪念中国共产党二十八年》。文稿经其他中央领导同志研究定稿，于1949年6月30日由新华社发表。7月1日，《人民日报》《光明日报》头版全文转载，这一天正是中国共产党28周岁生日。

在《1848 年至 1850 年的法兰西阶级斗争》一文中，马克思第一次使用“无产阶级专政”的表述，提出“推翻资产阶级，工人阶级专政”。1920年11月，上海共产主义小组起草《中国共产党宣言》时，首次在党的文件中正式使用“无产阶级专政”这一术语。后来，随着新民主主义革命和实践的不断深入，中国共产党人找到了实现中国革命成功的根本动力——中国人民。1948 年6月16日，《人民日报》第一版专栏刊登《重印〈左派幼稚病〉第二章前言》，“人民民主专政”的概念第一次出现在公众视野。1949 年3月，毛泽东在党的七届二中全会上为解放后的新中国规划蓝图，完整提出了建立“无产阶级领导的以工农联盟为基础的人民民主专政”的政治纲领。1949年6月30日，为了纪念中国共产党成立28周年，毛泽东发表《论人民民主专政》，指出要建立人民民主专政，即“对于人民内部，则实行民主制度，人民有言论集会结社等项的自由权。选举权，只给人民，不给反动派。这两方面，对人民内部的民主方面和对反动派的专政方面，互相结合起来，就是人民民主专政”。于是，“无产阶级专政”概念中国化为“人民民主专政”。

1949年，中华人民共和国中央人民政府成立，中国进入人民当家作主的时代。人民民主专政是对这个新政权性质的高度概括，并得到新中国每一部宪法的确认。

人民民主专政的本质是人民当家作主。“人民”是区别于“敌人”的政治概念。同时，“人民”的内涵和外延也在与时俱进地发展。1949年，毛泽东在《论人民民主专政》一文中指出：“人民是什么？在中国，在现阶段，是工人阶级，农民阶级，城市小资产阶级和民族资产阶级。”“八二宪法”规定人民的范围包括工人、农民和知识分子。改革开放以来，我国的社会结构发生重大变迁，宪法修正案第三十三条规定，爱国统一战线的对象包括全体社会主义劳动者、社会主义事业的建设者、拥护社会主义的爱国者、拥护祖国统一和致力于中华民族伟大复兴的爱国者。其中，“社会主义事业的建设者”是新增加的，主要是指改革开放后出现的新兴社会阶层，将他们归类到工人、农民、知识分子显然不合适，但是他们在社会主义建设中作出了贡献，因此他们也成为我国“人民”的组成部分。

依法治国

四个全面 战略布局

全面建设社会主义现代化国家	2020 ◉ 党的十九届五中全会
全面深化改革	2013 ◉ 党的十八届三中全会
全面依法治国	2014 ◉ 党的十八届四中全会
全面从严治党	2014 ◉ 党的群众路线教育实践活动总结讲话

在党的十九届五中全会通过的《中共中央关于制定国民经济和社会发展第十四个五年规划和二〇三五年远景目标的建议》中，“四个全面”战略布局的表述发生了重要的变化，在“全面建成小康社会”战略胜利完成之时，将“四个全面”中的第一个全面即“全面建成小康社会”调整为“全面建设社会主义现代化国家”。“协调推进全面建设社会主义现代化国家、全面深化改革、全面依法治国、全面从严治党的战略布局”，成为“十四五”时期经济社会发展指导思想的重要内容。

改革开放以来，中国共产党坚持依法治国，不断推进社会主义法治建设。

1978年，党的十一届三中全会提出“发展社会主义民主，健全社会主义法制”和“有法可依，有法必依，执法必严，违法必究”社会主义法制“十六字方针”。

1997年，党的十五大确立了“依法治国”基本方略。

1999年，第九届全国人民代表大会第二次会议将“中华人民共和国实行依法治国，建设社会主义法治国家”的治国方略写入宪法。

2002年，党的十六大将“依法治国基本方略得到全面落实”列入全面建设小康社会的重要目标之中。

2007年，党的十七大提出“加快建设社会主义法治国家”。

2012年，党的十八大提出“全面推进依法治国”，并确立了“法治是治国理政的基本方式”，提出新时代全面依法治国的“新十六字方针”——“科学立法、严格执法、公正司法、全民守法”。

2013年，党的十八届三中全会明确提出“建设法治中国”的要求：“必须坚持依法治国、依法执政、依法行政共同推进，坚持法治国家、法治政府、法治社会一体建设。”

2014年，党的十八届四中全会首次以全会的形式专题研究部署全面依法治国的重大问题，会议审议并通过《中共中央关于全面推进依法治国若干重大问题的决定》，将“全面推进依法治国”确立为我国新时期法治建设新目标和全面深化改革的重要内容。把全面依法治国纳入“四个全面”战略布局，为全面建成小康社会（党的十九届五中全会调整为“全面建设社会主义现代化国家”）、全面深化改革、全面从严治党提供长期稳定的法治保障。法治中国成为中国梦宏伟蓝图的重要组成部分。

2017年，习近平在党的十九大报告中强调：“全面依法治国是中国特色社会主义的本质要求和重要保障。”把坚持全面依法治国上升为新时代坚持和发展中国特色社会主义的基本方略之一。为深化依法治国实践，决定成立中央全面依法治国领导小组，加强对法治中国建设的集中统一领导。

2018年，现行宪法第五次修正时将序言第七自然段的“健全社会主义法制”改为“健全社会主义法治”，与《宪法》第五条中的“中华人民共和国实行依法治国，建设社会主义法治国家”相呼应。同年，中共中央印发《深化党和国家机构改革方案》，组建中央全面依法治国委员会，完善党领导立法、保证执法、支持司法、带头守法的制度，基本形成全面依法治国总体格局。

我国全面推进依法治国的总目标是建设中国特色社会主义法治

体系、建设社会主义法治国家。我们抓住法治体系建设这个总抓手，坚持党的领导、人民当家作主、依法治国有机统一，坚持依法治国、依法执政、依法行政共同推进，坚持法治国家、法治政府、法治社会一体建设，全面深化法治领域改革，统筹推进法律规范体系、法治实施体系、法治监督体系、法治保障体系和党内法规体系建设，推动中国特色社会主义法治体系建设取得历史性成就。

习近平法治思想

党的十八大以来，以习近平同志为核心的党中央提出全面依法治国的新理念新思想新战略，开辟了全面依法治国理论和实践的新境界，开启了中国特色社会主义法治的新时代，形成了习近平法治思想。习近平法治思想是习近平新时代中国特色社会主义思想的重要组成部分，是全面依法治国的根本遵循和行动指南，其核心要义是：

- 坚持党对全面依法治国的领导
- 坚持以人民为中心
- 坚持中国特色社会主义法治道路
- 坚持依宪治国、依宪执政
- 坚持在法治轨道上推进国家治理体系和治理能力现代化
- 坚持建设中国特色社会主义法治体系
- 坚持依法治国、依法执政、依法行政共同推进，法治国家、法治政府、法治社会一体建设
- 坚持全面推进科学立法、严格执法、公正司法、全民守法
- 坚持统筹推进国内法治和涉外法治
- 坚持建设德才兼备的高素质法治工作队伍
- 坚持抓住领导干部这个“关键少数”

社会主义核心价值观

社会主义核心价值观				
国家层面	富强	民主	文明	和谐
社会层面	自由	平等	公正	法治
个人层面	爱国	敬业	诚信	友善

党的十九大报告指出,“满足人民过上美好生活的新期待,必须提供丰富的精神食粮”。

人类社会发展史表明,核心价值观是一个社会中居统治地位、起支配作用的核心理念,也是一个社会必须长期普遍遵循的精神内核、根本原则和基本准则,它能够焕发出最持久、最深层的精神力量。社会主义核心价值观是中国特色社会主义道路、理论、制度的根基,引领中国特色社会主义的发展方向。

社会主义核心价值观是对社会主义核心价值体系的高度凝练和集中表述,从国家、社会、个人三个层面阐述了中国特色社会主义建设和发展中应当遵循的价值取向。基本内容是:富强、民主、文明、和谐、自由、平等、公正、法治、爱国、敬业、诚信、友善。其中,富强、民主、文明、和谐是国家层面的价值目标,自由、平等、公正、法治是社会层面的价值取向,爱国、敬业、诚信、友善是公民个人层面的价

链接|**民法典与社会主义核心价值观**

2020年5月28日,第十三届全国人民代表大会第三次会议通过了《中华人民共和国民法典》;这是一部凝聚了几代立法者心血和汗水、承载着亿万中国人民对美好生活向往的法典。法典第一条开宗明义“为了保护民事主体的合法权益,调整民事关系,维护社会和经济秩序,适应中国特色社会主义发展要求,弘扬社会主义核心价值观,根据宪法,制定本法”。可以说,民法典从立法目的到法律原则再到具体条文,都贯穿着社会主义核心价值观的精神和要求。

值准则。坚持社会主义核心价值观是新时代中国特色社会主义的基本方略之一。

新中国的建立确立了以马克思主义为指导思想的社会主义意识形态，为社会主义核心价值体系建设奠定了政治前提和文化条件。改革开放以来，我国社会主义意识形态建设不断进行新的探索，提出了从建设社会主义核心价值体系到以“三个倡导”为内容，积极培育和践行社会主义核心价值观等一系列重要论断和战略任务。

1978年12月，党的十一届三中全会恢复和确立了实事求是的思想路线，坚持把马克思主义与我国社会主义建设伟大实践相结合，马克思主义在意识形态领域的指导地位不断巩固。

2006年3月，党提出“八荣八耻”的社会主义荣辱观：以热爱祖国为荣，以危害祖国为耻；以服务人民为荣，以背离人民为耻；以崇尚科学为荣，以愚昧无知为耻；以辛勤劳动为荣，以好逸恶劳为耻；以团结互助为荣，以损人利己为耻；以诚实守信为荣，以见利忘义为耻；以遵纪守法为荣，以违法乱纪为耻；以艰苦奋斗为荣，以骄奢淫逸为耻。

2006年10月，党的十六届六中全会第一次明确提出“建设社会主义核心价值体系”的重大命题和战略任务。社会主义核心价值体系的内容，即“马克思主义指导思想，中国特色社会主义共同理想，以爱国主义为核心的民族精神和以改革创新为核心的时代精神，社会主义荣辱观，构成社会主义核心价值体系的基本内容”。

2007年10月，党的十七大进一步指出，“社会主义核心价值体系是社会主义意识形态的本质体现”。

2011年10月，党的十七届六中全会第一次明确提出建设社会主义核心价值体系的重大命题和战略任务，强调社会主义核心价值体系是兴国之魂，是社会主义先进文化的精髓，建设社会主义核心价值体系是推动文化大发展大繁荣的根本任务。

2012年11月，党的十八大报告明确提出“三个倡导”，即“倡导富强、民主、文明、和谐，倡导自由、平等、公正、法治，倡导爱国、敬业、诚信、友善”，并从推进建设社会主义文化强国，全面建成小康社会，实现中华民族伟大复兴中国梦的角度，提出加强社会主义核心价值体系建设，“积极培育和践行社会主义核心价值观”。

2013年12月，中共中央办公厅印发《关于培育和践行社会主义核心价值观的意见》，明确提出以“三个倡导”为基本内容的社会主义核心价值观，与中国特色社会主义发展要求相契合，与中华优秀传统文化和人类文明优秀成果相衔接，是我们党凝聚全党全社会价值共识作出的重要论断。

2017年10月，党的十九大报告把坚持社会主义核心价值体系作为基本方略，写入习近平新时代中国特色社会主义思想，提出要培育和践行社会主义核心价值观。要以培养担当民族复兴大任的时代新人为着眼点，强化教育引导、实践养成、制度保障，发挥社会主义核心价值观对国民教育、精神文明创建、精神文化产品创作生产传播的引领作用，把社会主义核心价值观融入社会发展各方面，转化为人们的情感认同和行为习惯。

2018年3月11日，现行宪法第五次修正时将“国家倡导社会主义核心价值观”写入宪法，使宪法价值与社会主义核心价值观相融合，这是将社会主义核心价值观融入法治建设的最高体现。

2019年10月31日，党的十九届四中全会通过《中共中央关于坚持和完善中国特色社会主义制度　推进国家治理体系和治理能力现代化若干重大问题的决定》，提出“完善弘扬社会主义核心价值观的法律政策体系，把社会主义核心价值观要求融入法治建设和社会治理”。

2021年11月11日，党的十九届六中全会通过《中共中央关于党的百年奋斗重大成就和历史经验的决议》，强调“党坚持以社会主义核心价值观引领文化建设”，对贯彻落实社会主义核心价值观提出新的要求。

总之，社会主义核心价值观扎根于中华历史文化土壤，传承了中国传统文化价值的精髓；立足于中国特色社会主义伟大实践，符合中国广大人民群众的期待；广泛借鉴和吸收了世界文明成果，符合人类最美好的价值追求。

公民的基本权利和义务

国家尊重和保障人权

国家尊重和保障人权，是我国宪法的核心价值之一。新中国成立后，特别是改革开放以来，保障人权越来越受到党和政府的重视。2004年3月，保障人权入宪是新中国人权事业发展的一个重要里程碑，标志着尊重和保障人权上升为国家建设的理念和价值，为新中国人权事业的全面发展开辟了更加广阔的前景。

新中国人权保障事业的发展经历了四个阶段：

第一阶段 1949年至1978年，中国获得国家独立和民族解放，中国人民也获得了生存和发展的政治保障。

第二阶段 1978年至2004年，中国实行改革开放政策，人民生活水平有所提高，经济、文化和社会权利得到进一步改善。

第三阶段 2004年至2012年，2004年3月14日现行宪法第四次修正将保障人权写入宪法意味着中国在人权保障方面迈出一大步。

第四阶段 党的十八大以来，中国特色社会主义进入新时代，中国共产党坚持以人民为中心的发展思想，以满足人民日益增长的美好生活需要为根本目的，人民的获得感、幸福感、安全感大幅提升，国家人权保障事业取得历史性成就。

公民的基本权利和义务体系

现行宪法“公民的基本权利和义务”一章，详细列举了我国公民的各项基本权利和义务。公民是基本权利的享有者和基本义务的承担者，即只有当一个人获得公民资格身份，才可以享有公民的基本权利，履行公民的基本义务。

链接｜人类命运共同体

2011年《中国的和平发展》白皮书提出，要以“命运共同体的新视角”，寻求人类共同利益和共同价值的新内涵。

2012年11月，中共十八大倡导“人类命运共同体”意识。

2013年3月，习近平在访问俄罗斯的一次演讲中，第一次明确提出“命运共同体”这一理念，表示“这个世界，各国相互联系、相互依存的程度空前加深，人类生活在同一个地球村里，生活在历史和现实交汇的同一个时空里，越来越成为你中有我、我中有你的命运共同体”。之后他又先后提出了中非命运共同体、亚太命运共同体、中巴命运共同体等概念。

2014年7月，习近平在巴西访问时，在巴西国会的演讲中第一次公开使用了“人类命运共同体”的概念。

2017年1月，习近平在联合国日内瓦总部演讲时，系统而深刻地阐述了“构建人类命运共同体”这一重大时代命题，为加强和改善全球治理提出了中国方案。

2017年10月，“人类命运共同体”理念写入党的十九大报告，成为新时代中国共产党重大外交倡议。

2018年3月11日，第十三届全国人民代表大会第一次会议通过宪法修正案，将《宪法》序言第十二自然段中“发展同各国的外交关系和经济、文化的交流”修改为“发展同各国的外交关系和经济、文化交流，推动构建人类命运共同体”。

2018年12月10日，习近平在致纪念《世界人权宣言》发表70周年座谈会的贺信中表示：“中国人民愿同各国人民一道，秉持和平、发展、公平、正义、民主、自由的人类共同价值，维护人的尊严和权利，推动形成更加公正、合理、包容的全球人权治理，共同构建人类命运共同体，开创世界美好未来。”贺信重申“和平、发展、公平、正义、民主、自由”的人类共同价值，提出全球人权治理“公正、合理、包容”发展的价值目标，同时指出全球人权治理的路径方案——共同构建人类命运共同体。

2019年10月，党的十九届四中全会提出，坚持和完善独立自主的和平外交政策，推动构建人类命运共同体。

2022年10月16日，习近平总书记在党的二十大报告中进一步强调指出：中国始终坚持维护世界和平，促进共同发展的外交政策宗旨，致力于推动构建人类命运共同体。

链接｜公民

中华人民共和国公民必须具有中华人民共和国国籍。国籍是公民的身份象征。中国公民不得具有双重国籍。外国人或无国籍人申请加入中国国籍获得批准的，即取得中国国籍；被批准加入中国国籍的，不再保留外国国籍。定居外国的中国公民，自愿加入或取得外国国籍的，即自动丧失中国国籍。

- 公民的基本权利
  - 平等权
    - 公民在法律面前一律平等（第三十三条）
    - 男女平等（第四十八条）
  - 政治权利和自由
    - 选举权和被选举权（第三十四条）
    - 政治自由（第三十五条）
      - 言论、出版自由
      - 集会、结社自由
      - 游行、示威自由
    - 监督权（第四十一条）
      - 批评、建议权
      - 申诉权
      - 控告、检举权
      - 获得国家赔偿请求权
  - 宗教信仰自由（第三十六条）
  - 人身自由
    - 生命权（第三十七条）
    - 人身自由（第三十七条）
    - 人格尊严不受侵犯（第三十八条）
    - 住宅不受侵犯（第三十九条）
    - 通信自由和通信秘密受法律保护（第四十条）
  - 经济社会文化权利
    - 财产权（第十三条）
    - 劳动权（第四十二条）
    - 休息权（第四十三条）
    - 获得物质帮助权（第四十五条）
    - 受教育权（第四十六条）
    - 文化权（第四十七条）
  - 特定主体的权利
    - 妇女的权利（第四十八条）
    - 保护婚姻、家庭、母亲、儿童和老人（第四十九条）
    - 保护华侨、归侨和侨眷的权益（第五十条）

链接｜**劳动和受教育既是权利又是义务**

根据现行宪法规定，劳动和受教育既是公民的权利，也是公民的义务。社会的发展进步，需要受过良好教育的劳动者；如果劳动和受教育只是权利，而权利可以放弃，那么将影响人类的发展进步。因此，劳动和受教育也是公民的一项义务。

公民的基本义务

- 维护国家统一和各民族团结的义务（第五十二条）
- 遵守宪法和法律的义务（第五十三条）
- 保守国家秘密的义务（第五十三条）
- 爱护公共财产的义务（第五十三条）
- 遵守劳动纪律的义务（第五十三条）
- 遵守公共秩序的义务（第五十三条）
- 尊重社会公德的义务（第五十三条）
- 维护祖国的安全、荣誉和利益的义务（第五十四条）
- 保卫祖国、依法服兵役和参加民兵组织的义务（第五十五条）
- 依法纳税的义务（第五十六条）
- 其他义务，如劳动的义务（第四十二条）、受教育的义务（第四十六条）以及父母抚养教育未成年子女的义务和成年子女赡养扶助父母的义务（第四十九条）等

国家机构

国家机构的宪法地位非常重要，各国宪法都用相当大的篇幅来规定国家机构。现行宪法的“国家机构”一章分别对全国人民代表大会及其常务委员会、国家主席、国务院、中央军事委员会、地方各级人民代表大会和地方各级人民政府、民族自治地方的自治机关、监察委员会、人民法院和人民检察院等作出详细规定。宪法对国家机构的规定构建了我国的国家权力结构，国家机构承担着保障公民权利的职能。

人民代表大会

人民代表大会制度是符合中国国情和实际、体现社会主义国家性质、保证人民当家作主、保障实现中华民族伟大复兴的好制度。

——习近平

人民代表大会制度是我国的根本政治制度，其源头可以追溯到二十世纪三十年代初中国共产党在中央苏区（当时以赣南闽西根据地为依托）建立的中华苏维埃代表大会制度。

1931年11月，中华苏维埃第一次全国代表大会召开，选举产生了中华苏维埃共和国临时中央政府，通过了《苏维埃宪法大纲》，规定国家的政权组织形式是民主集中制的工农兵苏维埃代表大会制。1934年1月，中华苏维埃第二次全国代表大会召开，对《苏维埃宪法

链接|**人民代表大会制度的民主性**

人民代表大会是我国人民民主专政国家的政权组织形式和核心运行机制。现行宪法第二条第一款、第二款规定："中华人民共和国的一切权力属于人民。人民行使国家权力的机关是全国人民代表大会和地方各级人民代表大会。"全国人民代表大会和地方各级人民代表大会都由民主选举产生，对人民负责，受人民监督。根据我国选举法的规定，县乡人大代表是按选区直接选举产生的，县级以上人大代表由下一级人民代表大会选举产生，并按照选举单位组成代表团参加人民代表大会。人民代表大会没有议会党团，也不以界别开展活动。无论是人民代表大会，还是人大常委会、专门委员会，都不按党派分配席位。人大代表、人大常委会组成人员、专门委员会组成人员，无论是共产党员，还是民主党派成员或者无党派人士，肩负的都是人民的重托，都依法履行职责。

大纲》作了修改，规定中华苏维埃共和国的最高政权为全国工农兵苏维埃代表大会。这些实践对人民代表大会制度的初始探索作出了开创性的贡献。

抗日战争时期，工农兵苏维埃代表大会制度已不适应抗日民族统一战线的新形势新任务。为了解决这一矛盾，毛泽东提出并详细阐述了抗日民主政权的性质和参议会制度。参议会是由选民按照“三三制”原则选举参议员，使许多党外人士也能够参政议政，扩大了政权的民主基础。抗日战争胜利后，参议会制度已不能适应民主革命发展的需要。这一时期，以毛泽东同志为核心的党的第一代中央领导集体根据土地革命战争时期的经验，发展了参议会制度，创立了人民代表会议制度。这是在普选的人民代表大会无法召开时采取的地方政权过渡形式；它不是权力机关，而是一种建设性的政府决策咨询机构，通过这种形式来让人民行使当家作主的权利。

1940年，毛泽东在《新民主主义论》一文中首次提出人民代表大会制度的概念。他指出：“中国现在可以采取全国人民代表大会、省人民代表大会、县人民代表大会、区人民代表大会直到乡人民代表大会的系统，并由各级代表大会选举政府。但必须实行无男女、信仰、财产、教育等差别的真正普遍平等的选举制，才能适合于各革命阶级在国家中的地位。”对于人民代表大会的性质，周恩来指出：人民代表大会处于苏维埃工农兵代表大会制的体系，完全不同于资产阶级的议会制……人民代表和苏维埃也是不同的。后来，根据不同时期的形势发展，政权组织形式又经历了“各界（人民）代表会议——各界人民代表会议（代行人民代表大会职权）——人民代表大会”的发展历程。1949年9月，《共同纲领》明确了新中国的国体与政体，规定“在普选的地方人民代表大会召开以前，由地方各界人民代表会议逐步地代行人民代表大会的职权”。1953年至1954年，各地召开人民代表大会，直至1954年9月15日，第一届全国人民代表大会第一次会议在北京召开，标志着人民代表大会制度在全国范围内建立起来。

1978年年底，党的十一届三中全会全面总结了新中国成立以来的历史经验和教训，提出“发展社会主义民主、健全社会主义法制”的任务，开启了我国改革开放和社会主义现代化建设的新时期，人民代表大会制度在国家政治生活中重新占据了重要地位。二十世纪九十年代，我国社会主义市场经济的快速发展对政治体制的民主化法治化提出更高要求；特别是1997年党的十五大提出依法治国的基本方略，进一步提高了人民代表大会制度在国家政治生活中的地位。

我国宪法将人民代表大会制度确立为我国的政体，这是由我国的社会主义性质决定的。各级人民代表大会都是由人民选举的代表组成，代表人民的意志和利益，是国家权力机关。各级人民代表大会产生行政机关、监察机关、审判机关和检察机关，即“一府一委两院”，根据宪法和法律分别行使行政权、监察权、审判权和检察权，对人民代表大会负责，受人民代表大会监督，而人民代表大会对人民负责，受人民监督。

人民代表大会制度是坚持党的领导、人民当家作主、依法治国有机统一的根本政治制度，是中国民主政治的集中体现。中国特色社会主义民主政治是一种全过程的人民民主。

2014年9月5日，习近平在庆祝全国人民代表大会成立60周年大会上指出我国人民代表大会制度的核心要义。包括下列四个方面：

01

坚持和完善人民代表大会制度，必须毫不动摇坚持中国共产党的领导。中国共产党的领导是中国特色社会主义最本质的特征。中国共产党的领导，就是支持和保证人民实现当家作主。

02

坚持和完善人民代表大会制度，必须保证和发展人民当家作主。人民当家作主是社会主义民主政治的本质和核心。人民民主是社会主义的生命。没有民主就没有社会主义，就没有社会主义的现代化，就没有中华民族伟大复兴。我们必须坚持国家一切权力属于人民，坚持人民主体地位，支持和保证人民通过人民代表大会行使国家权力。

03

坚持和完善人民代表大会制度，必须全面推进依法治国。发展人民民主必须坚持依法治国，维护宪法法律权威，使民主制度化、法律化，使这种制度和法律不因领导人的改变而改变，不因领导人的看法和注意力的改变而改变。

04

坚持和完善人民代表大会制度，必须坚持民主集中制。民主集中制是中国国家组织形式和活动方式的基本原则。人民代表大会统一行使国家权力，全国人民代表大会是最高国家权力机关，地方各级人民代表大会是地方国家权力机关。

链接｜全过程人民民主

2019年，习近平在上海市长宁区考察时提出“人民民主是一种全过程的民主”这一重要论断。2021年7月1日，在庆祝中国共产党成立100周年大会上，习近平站在人民创造历史的高度，强调“践行以人民为中心的发展思想，发展全过程人民民主”。2021年10月13日至14日，习近平在中央人大工作会议上，对“全过程人民民主”作出深刻阐释：我国全过程人民民主不仅有完整的制度程序，而且有完整的参与实践。我国全过程人民民主实现了过程民主和成果民主、程序民主和实质民主、直接民主和间接民主、人民民主和国家意志相统一，是全链条、全方位、全覆盖的民主，是最广泛、最真实、最管用的社会主义民主。

全国人民代表大会及其常务委员会的职权

全国人民代表大会是我国的最高国家权力机关；全国人民代表大会常务委员会是全国人民代表大会的常设机关，是最高国家权力机关的组成部分。

全国人大常委会的工作方式是召开常委会会议。一般每两个月举行一次；有特殊需要的时候可以临时召集会议。全国人大常委会委员长主持全国人大常委会的工作，召集全国人大常委会会议。全国人大常委会委员长、副委员长、秘书长组成全国人大常委会委员长会议，在职权范围内处理全国人大常委会的重要日常工作。

链接｜**全国人大常委会委员长会议**

全国人大常委会是全国人民代表大会的常设机构。全国人大常委会的重要日常工作由委员长会议处理，但不能代行宪法和相关法律赋予全国人大常委会的职权。

链接｜**谁来主持全国人大会议？**

全国人大主席团主持全国人大会议，它是一个临时性组织。根据宪法和相关法律的规定，全国人大常委会是全国人民代表大会会议闭会期间行使最高国家权力的机关，负责召集全国人民代表大会会议，但不能主持。全国人民代表大会会议正式开始前要举行预备会议，其主要任务是选举本次会议主席团，以主持会议并决定有关会议议程的事项。

全国人大的主要职权有：立法权、人事任免权、国家重大事项决定权、监督权和其他职权。具体包括下列内容：

01 修改宪法

02 监督宪法的实施

03 制定和修改刑事、民事、国家机构和其他的基本法律

04 选举中华人民共和国主席、副主席

05 根据中华人民共和国主席的提名，决定国务院总理的人选；根据国务院总理的提名，决定国务院副总理、国务委员、各部部长、各委员会主任、中国人民银行行长、审计长、秘书长的人选

06 选举中央军事委员会主席；根据中央军事委员会主席的提名，决定中央军事委员会其他组成人员的人选

07 选举国家监察委员会主任

08 选举最高人民法院院长

09 选举最高人民检察院检察长

10 审查和批准国民经济和社会发展计划及计划执行情况的报告

11 审查和批准国家的预算和预算执行情况的报告

12 改变或者撤销全国人民代表大会常务委员会不适当的决定

13 批准省、自治区和直辖市的建置

14 决定特别行政区的设立及其制度

15 决定战争和和平的问题

16 应当由最高国家权力机关行使的其他职权

全国人大常委会的主要职权有：立法权、宪法和法律解释权、人事任免权、国家重大事项决定权、监督权和全国人大授予的其他职权。具体包括：

01 解释宪法，监督宪法的实施

02 制定和修改除应当由全国人民代表大会制定的法律以外的其他法律

03 在全国人民代表大会闭会期间，对全国人民代表大会制定的法律进行部分补充和修改，但是不得同该法律的基本原则相抵触

04 解释法律

05 在全国人民代表大会闭会期间，审查和批准国民经济和社会发展计划、国家预算在执行过程中所必须作的部分调整方案

06 监督国务院、中央军事委员会、国家监察委员会、最高人民法院和最高人民检察院的工作

07 撤销国务院制定的同宪法、法律相抵触的行政法规、决定和命令

08 撤销省、自治区、直辖市国家权力机关制定的同宪法、法律和行政法规相抵触的地方性法规和决议

09 在全国人民代表大会闭会期间，根据国务院总理的提名，决定部长、委员会主任、中国人民银行行长、审计长、秘书长的人选

10 在全国人民代表大会闭会期间，根据中央军事委员会主席的提名，决定中央军事委员会其他组成人员的人选

11 根据国家监察委员会主任的提请，任免国家监察委员会副主任、委员

12 根据最高人民法院院长的提请，任免最高人民法院副院长、审判员、审判委员会委员和军事法院院长

13 根据最高人民检察院检察长的提请，任免最高人民检察院副检察长、检察员、检察委员会委员和军事检察院检察长，并且批准省、自治区、直辖市的人民检察院检察长的任免

14 决定驻外全权代表的任免

15 决定同外国缔结的条约和重要协定的批准和废除

16 规定军人和外交人员的衔级制度和其他专门衔级制度

17 规定和决定授予国家的勋章和荣誉称号

18 决定特赦

19 在全国人民代表大会闭会期间，如果遇到国家遭受武装侵犯或者必须履行国际共同防止侵略的条约的情况，决定战争状态的宣布

20 决定全国总动员或者局部动员

21 决定全国或者个别省、自治区、直辖市进入紧急状态

22 全国人民代表大会授予的其他职权

国家立法权

现行宪法第五十八条规定："全国人民代表大会和全国人民代表大会常务委员会行使国家立法权。"根据宪法规定，全国人民代表大会的立法权限是：修改宪法，制定和修改刑事、民事、国家机构的和其他的基本法律。全国人民代表大会常务委员会的立法权限是：制定和修改除应当由全国人民代表大会制定的法律以外的其他法律；在全国人民代表大会闭会期间，对全国人民代表大会制定的法律进行部分补充和修改，但是不得同该法律的基本原则相抵触。

全国人大的立法程序是：

法律案的提出

全国人大主席团、全国人大常委会、国务院、中央军事委员会、国家监察委员会、最高人民法院、最高人民检察院、全国人大各专门委员会，或者一个代表团或30名以上代表联名，可以向全国人大提出全国人大职权范围内的法律案

法律案的审议

(1) 由全国人大全体会议听取提案人关于法律案的说明
(2) 由各代表团全体会议或者分组会议审议，并由宪法和法律委员会与有关专门委员会审议
(3) 宪法和法律委员会根据各代表团和有关专门委员会的审议意见，对法律案进行统一审议，并向主席团提出审议结果的报告和法律草案修改稿，主席团审议通过后印发会议
(4) 法律草案修改稿经各代表团审议，由宪法和法律委员会根据各代表团的审议意见进行修改，提出法律草案表决稿，由主席团提请大会全体会议表决

法律案的表决

全国人大全体会议表决法律案，由全体代表的过半数通过；宪法的修改由全体代表的三分之二以上多数通过。目前，对法律案一般采用按电子表决器的方式进行表决

法律的公布

法律的公布是法律生效的必要条件。法律通过后未经公布的，不能发生法律效力。宪法的修改由全国人大主席团公布。全国人大通过的法律，由国家主席签署主席令予以公布

全国人大常委会的立法程序是：

法律案的提出

委员长会议、国务院、中央军事委员会、国家监察委员会、最高人民法院、最高人民检察院、全国人大各专门委员会，或者常务委员会组成人员10人以上联名，可以向全国人大常委会提出法律案

法律案的审议

全国人大常委会审议法律案一般应当经三次常委会会议审议后再交付表决，即“三读”或“三审”

第一次审议，在全国人大常委会全体会议上听取提案人的说明，由分组会议进行初步审议

第二次审议，在全国人大常委会全体会议上听取宪法和法律委员会关于法律草案修改情况和主要问题的汇报，由分组会议进一步审议

第三次审议，在全国人大常委会全体会议上听取宪法和法律委员会关于法律草案审议结果的报告，由分组会议对法律草案修改稿进行审议

此外，全国人大常委会审议法律案时，根据需要，可以召开联组会议或者全体会议，对法律草案中的主要问题进行讨论

列入常务委员会会议议程的法律案，各方面意见比较一致的，可以经两次常务委员会会议审议后交付表决；调整事项较为单一或者部分修改的法律案，各方面的意见比较一致的，也可以经一次常务委员会会议审议即交付表决

法律案的表决

全国人大常委会表决法律案，由常务委员会全体组成人员的过半数通过

法律的公布

全国人大常委会通过的法律，由国家主席签署主席令予以公布

人大代表

人大代表从人民中来，代表广大选民的利益，代表选民向政府有关部门提出意见和要求。每年“两会”上，听取人大代表的意见和建议，是人民参与国家各项事务管理的重要途径。

全国“两会”是指全国人民代表大会和中国人民政治协商会议。

自1985年起，全国“两会”在每年三月召开成为惯例。会期一般为10~12天；涉及换届选举的，会期一般为14~15天。“两会”的主要议程包括：

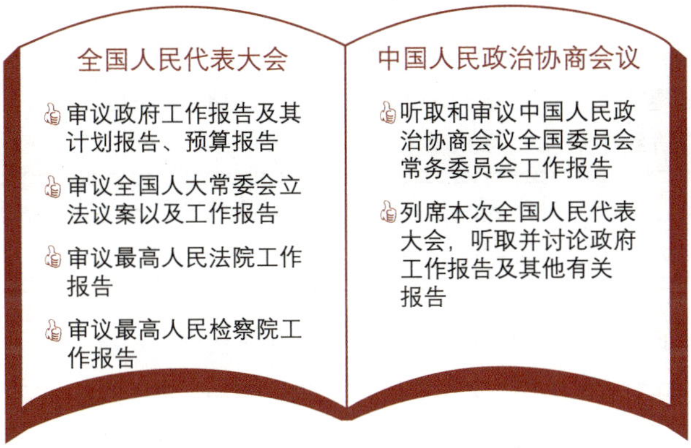

全国人大代表实行间接选举，由下一级选举单位选举产生，即代表名额分配到各选举单位，按选举单位提名确定候选人，然后由选举单位的会议代表投票产生。

根据现行宪法和法律规定，全国人民代表大会由省、自治区、直辖市、特别行政区和军队选出的代表组成。全国人民代表大会每届任期五年。在任期届满前的两个月，全国人大常委会必须完成下届全国人大代表的选举工作。如果遇到不能进行选举的非常情况，由

链接｜为什么采用直接选举和间接选举相结合的选举方式？

中华人民共和国成立之初，我国的选举方式就是直接选举和间接选举相结合，仅基层人大代表直接选举，县级及以上都是间接选举。邓小平曾指出，随着我国政治、经济、文化的发展，将来一定要逐步扩大直接选举的范围。彭真在1979年12月27日全国选举试点工作会议上说，像我们这样大的国家，人口这么多，有些省的人口比世界有些中等国家的人口还多，政治、经济、文化发展又不平衡，交通还不发达，全国人大代表如果直接选举，许多人不了解，联系选民也不方便。县级以上人大代表间接选举适合我国的实际情况，符合国情的选举才是真正民主的。

链接｜审议工作报告

根据现行宪法的规定，人民政府、监察委员会、人民法院、人民检察院向人大负责，受人大监督。每年全国人民代表大会和地方各级人民代表大会召开时，重要议程之一就是审议政府工作报告、人民法院工作报告和人民检察院工作报告。这是人民代表大会依法行使监督权的重要体现。监察委员会向同级人民代表大会常务委员会作专项工作报告。

全国人大常委会以全体组成人员三分之二以上的多数决定，可以推迟选举，延长本届全国人民代表大会的任期；但在非常情况结束后一年内，全国人大常委会必须完成下届全国人大代表的选举工作。

人大代表的职责包括：

01 模范地遵守宪法和法律，保守国家秘密，在自己参加的生产、工作和社会活动中协助宪法和法律的实施

02 按时出席本级人民代表大会会议，认真审议各项议案、报告和其他议题，发表意见，做好会议期间的各项工作

03 积极参加统一组织的视察、专题调研、执法检查等履职活动

04 加强履职学习和调查研究，不断提高执行代表职务的能力

05 与原选区选民或者原选举单位和人民群众保持密切联系，听取和反映他们的意见和要求，努力为人民服务

06 自觉遵守社会公德，廉洁自律，公道正派，勤勉尽责

07 法律规定的其他义务

链接｜全国人大代表的城乡比例

2010年十一届全国人大三次会议通过了修改后的《中华人民共和国全国人民代表大会和地方各级人民代表大会选举法》，确立了城乡按照相同人口比例选举人大代表的原则，即每一名全国人大代表代表相同的城乡人口数。

链接｜人大代表的豁免权

人大代表豁免权主要包括言论免责权与不受逮捕权两方面。《中华人民共和国全国人民代表大会和地方各级人民代表大会代表法》第31条规定："代表在人民代表大会各种会议上的发言和表决，不受法律追究。"第32条规定："县级以上的各级人民代表大会代表，非经本级人民代表大会主席团许可，在本级人民代表大会闭会期间，非经本级人民代表大会常务委员会许可，不受逮捕或者刑事审判。如果因为是现行犯被拘留，执行拘留的机关应当立即向该级人民代表大会主席团或者人民代表大会常务委员会报告。对县级以上的各级人民代表大会代表，如果采取法律规定的其他限制人身自由的措施，应当经该级人民代表大会主席团或者人民代表大会常务委员会许可。人民代表大会主席团或者常务委员会受理有关机关依照本条规定提请许可的申请，应当审查是否存在对代表在人民代表大会各种会议上的发言和表决进行法律追究，或者对代表提出建议、批评和意见等其他执行职务行为打击报复的情形，并据此作出决定。乡、民族乡、镇的人民代表大会代表，如果被逮捕、受刑事审判、或者被采取法律规定的其他限制人身自由的措施，执行机关应当立即报告乡、民族乡、镇的人民代表大会。"

人大代表的权利包括：

01 出席本级人民代表大会会议，参加审议各项议案、报告和其他议题，发表意见

02 依法联名提出议案、质询案、罢免案等

03 提出对各方面工作的建议、批评和意见

04 参加本级人民代表大会的各项选举

05 参加本级人民代表大会的各项表决

06 获得依法执行代表职务所需的信息和各项保障

07 法律规定的其他权利

国家机构领导如何产生

第一步

主席团提名

- 中华人民共和国主席
- 中华人民共和国副主席
- 中华人民共和国中央军事委员会主席
- 全国人大常委会委员长、副委员长、秘书长

经各代表团酝酿协商后，再由主席团根据多数代表的意见确定正式候选人名单

全国人大全体会议选举

- 中华人民共和国主席
- 中华人民共和国副主席
- 中华人民共和国中央军事委员会主席
- 全国人大常委会委员长、副委员长、秘书长

第二步

中华人民共和国主席提名
- 国务院总理

中华人民共和国中央军事委员会主席提名
- 中华人民共和国中央军事委员会副主席、委员

主席团提名
- 全国人民代表大会常务委员会委员
- 国家监察委员会主任
- 最高人民法院院长
- 最高人民检察院检察长

经各代表团酝酿协商后，再由主席团根据多数代表的意见确定正式候选人名单

全国人大全体会议决定人选
- 国务院总理
- 中华人民共和国中央军事委员会副主席、委员

全国人大全体会议选举
- 国家监察委员会主任
- 最高人民法院院长
- 最高人民检察院检察长
- 全国人民代表大会常务委员会委员

第三步

国务院总理提名
- 国务院副总理、国务委员、各部部长、各委员会主任、中国人民银行行长、审计长、秘书长

全国人大全体会议决定人选
- 国务院副总理、国务委员、各部部长、各委员会主任、中国人民银行行长、审计长、秘书长

国家主席

国家主席是中华人民共和国主席的简称，是国家机构之一，是中华人民共和国对内对外的最高国家代表。由于国家主席要在国内和国际政治生活中履行特殊且重要的职责，需要担任者不仅在国内外享有较高的声望，还要具备较强的政治素质和工作能力以及丰富的人生阅历。因此，宪法对国家主席的担任者有一定的年龄限制。根据现行宪法的规定，国家主席由全国人民代表大会选举产生；有选举权和被选举权的年满四十五周岁的中国公民可以被选为国家主席；国家主席的每届任期与全国人民代表大会每届任期相同。

国家主席的职权包括：

01 根据全国人民代表大会的决定和全国人民代表大会常务委员会的决定，公布法律

02 向全国人大提名国务院总理的人选；根据全国人民代表大会的决定和全国人民代表大会常务委员会的决定，任免国务院总理、副总理、国务委员、各部部长、各委员会主任、中国人民银行行长、审计长、秘书长

03 根据全国人民代表大会的决定和全国人民代表大会常务委员会的决定，授予国家的勋章和荣誉称号

04 根据全国人民代表大会的决定和全国人民代表大会常务委员会的决定，发布特赦令，宣布进入紧急状态，宣布战争状态，发布动员令

05 代表中华人民共和国，进行国事活动，接受外国使节；根据全国人民代表大会常务委员会的决定，派遣和召回驻外全权代表，批准和废除同外国缔结的条约和重要协定

国务院的职权

国务不可不谨也。

——《**商君书·壹言**》

国务院是最高国家权力机关的执行机关，是中央人民政府，是最高国家行政机关。国务院的前身为成立于1949年10月1日的中央人民政府政务院。1954年9月，第一届全国人民代表大会第一次会议决定成立“中华人民共和国国务院”。

国务院由总理、副总理、国务委员、各部部长、各委员会主任、中国人民银行行长、审计长、秘书长组成。总理领导国务院工作。各部部长、各委员主任负责本部门工作。国务院的组织由法律规定，其组织结构和职权是：

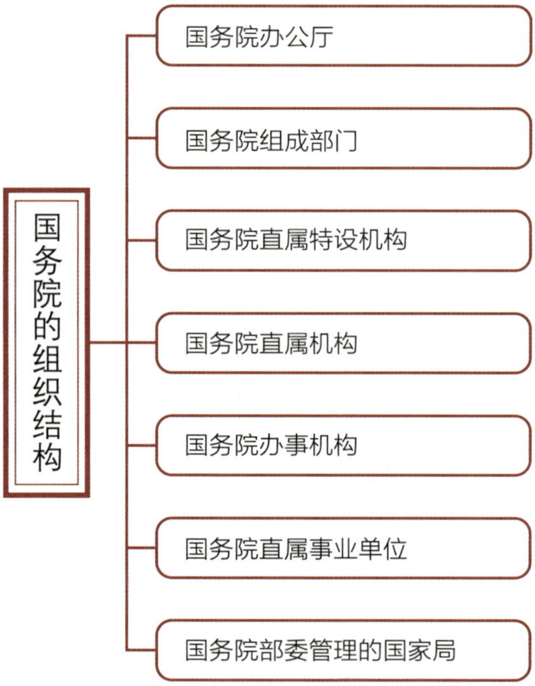

国务院的职权

- 根据宪法和法律，规定行政措施，制定行政法规，发布决定和命令
- 向全国人民代表大会或者全国人民代表大会常务委员会提出议案
- 规定各部和各委员会的任务和职责，统一领导各部和各委员会的工作，并且领导不属于各部和各委员会的全国性的行政工作
- 统一领导全国地方各级国家行政机关的工作，规定中央和省、自治区、直辖市的国家行政机关的职权的具体划分
- 编制和执行国民经济和社会发展计划和国家预算
- 领导和管理经济工作和城乡建设、生态文明建设
- 领导和管理教育、科学、文化、卫生、体育和计划生育工作
- 领导和管理民政、公安、司法行政等工作
- 管理对外事务，同外国缔结条约和协定
- 领导和管理国防建设事业
- 领导和管理民族事务，保障少数民族的平等权利和民族自治地方的自治权利
- 保护华侨的正当的权利和利益，保护归侨和侨眷的合法的权利和利益
- 改变或者撤销各部、各委员会发布的不适当的命令、指示和规章
- 改变或者撤销地方各级国家行政机关的不适当的决定和命令
- 批准省、自治区、直辖市的区域划分，批准自治州、县、自治县、市的建置和区域划分
- 依照法律规定决定省、自治区、直辖市的范围内部分地区进入紧急状态
- 审定行政机构的编制，依照法律规定任免、培训、考核和奖惩行政人员
- 全国人民代表大会和全国人民代表大会常务委员会授予的其他职权

监察委员会

监察委员会是国家的监察机关，代表国家行使监察权。我国设立国家监察委员会和地方各级监察委员会，目的是实现对国家所有行使公权力的公职人员监察全覆盖。

《中华人民共和国监察法》

第 三 条　各级监察委员会是行使国家监察职能的专责机关，依照本法对所有行使公权力的公职人员（以下称公职人员）进行监察，调查职务违法和职务犯罪，开展廉政建设和反腐败工作，维护宪法和法律的尊严。

第 四 条　监察委员会依照法律规定独立行使监察权，不受行政机关、社会团体和个人的干涉。

监察机关办理职务违法和职务犯罪案件，应当与审判机关、检察机关、执法部门互相配合，互相制约。

监察机关在工作中需要协助的，有关机关和单位应当根据监察机关的要求依法予以协助。

第 十 条　国家监察委员会领导地方各级监察委员会的工作，上级监察委员会领导下级监察委员会的工作。

第十一条　监察委员会依照本法和有关法律规定履行监督、调查、处置职责：

（一）对公职人员开展廉政教育，对其依法履职、秉公用权、廉洁从政从业以及道德操守情况进行监督检查；

（二）对涉嫌贪污贿赂、滥用职权、玩忽职守、权力寻租、利益输送、徇私舞弊以及浪费国家资财等职务违法和职务犯罪进行调查；

（三）对违法的公职人员依法作出政务处分决定；对履行职责不力、失职失责的领导人员进行问责；对涉嫌职务犯罪的，将调查结果移送人民检察院依法审查、提起公诉；向监察对象所在单位提出监察建议。

人民法院

人民法院是国家的审判机关，代表国家行使审判权。在法治国家，审判是指由国家的专门机构代表国家按照法律规定的程序，对特

链接｜**最高人民法院巡回法庭**

2013年11月，党的十八届三中全会提出，探索建立与行政区划适当分离的司法管辖制度。2014年10月，党的十八届四中全会提出，探索设立跨行政区划的人民法院，办理跨地区案件。2014年12月2日，中央全面深化改革领导小组第七次会议审议通过《最高人民法院设立巡回法庭试点方案》和《设立跨行政区划人民法院、人民检察院试点方案》，建议根据会议讨论情况进一步修改完善后按程序报批实施。2015年1月28日，最高人民法院第一巡回法庭正式挂牌成立，设在广东省深圳市。2015年1月31日，最高人民法院第二巡回法庭正式挂牌成立，设在辽宁省沈阳市。2016年11月1日，中央全面深化改革领导小组第二十九次会议同意最高人民法院在重庆市、西安市、南京市、郑州市增设巡回法庭。目前，最高人民法院已经设立六个巡回法庭。最高人民法院设立的巡回法庭是最高人民法院派出的常设审判机构，主要审理跨行政区划重大行政和民商事案件。巡回法庭代表最高人民法院，作出的判决、裁定和决定，等同于最高人民法院作出的判决、裁定和决定，盖最高人民法院印章。

定的案件进行审理和判决。

《中华人民共和国宪法》

第一百二十八条 中华人民共和国人民法院是国家的审判机关。

第一百二十九条 中华人民共和国设立最高人民法院、地方各级人民法院和军事法院等专门人民法院。

最高人民法院院长每届任期同全国人民代表大会每届任期相同，连续任职不得超过两届。

人民法院的组织由法律规定。

第一百三十条 人民法院审理案件，除法律规定的特别情况外，一律公开进行。被告人有权获得辩护。

第一百三十一条 人民法院依照法律规定独立行使审判权，不受行政机关、社会团体和个人的干涉。

第一百三十二条 最高人民法院是最高审判机关。

最高人民法院监督地方各级人民法院和专门人民法院的审判工作，上级人民法院监督下级人民法院的审判工作。

法官的任职条件

- **自然条件**：具有中华人民共和国国籍；具有正常履行职责的身体条件
- **政治条件**：拥护中华人民共和国宪法，拥护中国共产党领导和社会主义制度；具有良好的政治、业务素质和道德品行
- **学历条件**：具备普通高等学校法学类本科学历并获得学士及以上学位；或者普通高等学校非法学类本科及以上学历并获得法律硕士、法学硕士及以上学位；或者普通高等学校非法学类本科及以上学历，获得其他相应学位，并具有法律专业知识。适用本规定的学历条件确有困难的地方，经最高人民法院审核确定，在一定期限内，可以将担任法官的学历条件放宽为高等学校本科毕业
- **任职资格条件**：初任法官应当通过国家统一法律职业资格考试取得法律职业资格；从事法律工作满五年；其中获得法律硕士、法学硕士学位，或者获得法学博士学位的，从事法律工作的年限可以分别放宽至四年、三年
- **限制任职情形**：因犯罪受过刑事处罚的；被开除公职的；被吊销律师、公证员执业证书或者被仲裁委员会除名的；有法律规定的其他情形的

链接｜法官的级别与职务

根据我国《法官法》的规定，法官实行单独职务序列管理。法官等级分为十二级，依次为：(1)首席大法官，最高人民法院院长为首席大法官；(2)大法官，分为一级大法官、二级大法官；(3)高级法官，分为一级高级法官、二级高级法官、三级高级法官、四级高级法官；(4)法官，分为一级法官、二级法官、三级法官、四级法官、五级法官。

在法院中，法官还分别担任法院院长、副院长、审判委员会委员、庭长、副庭长、审判员、法官助理等，这是法官的职务。法官的等级不同于其职务，法官的行政职务目前参照公务员系统进行管理。

人民检察院

人民检察院是国家的法律监督机关。检察监督不同于党内监督、舆论监督、群众监督等监督方式，也不同于工商、税务、物价、审计、公安等行政机关的法律监督；它是检察机关以国家的名义，依法行使检察监督权，维护国家法律的统一实施，保护国家、社会和公民的合法权益，拥有很高的权威性、严肃性和强制性。

《中华人民共和国宪法》

第一百三十四条　中华人民共和国人民检察院是国家的法律监督机关。

第一百三十五条　中华人民共和国设立最高人民检察院、地方各级人民检察院和军事检察院等专门人民检察院。

最高人民检察院检察长每届任期同全国人民代表大会每届任期相同，连续任职不得超过两届。

人民检察院的组织由法律规定。

第一百三十六条　人民检察院依照法律规定独立行使检察权，不受行政机关、社会团体和个人的干涉。

第一百三十七条　最高人民检察院是最高检察机关。

最高人民检察院领导地方各级人民检察院和专门人民检察院的工作，上级人民检察院领导下级人民检察院的工作。

链接｜检察官的级别与职务

根据我国《检察官法》的规定，检察官实行单独职务序列管理。检察官等级分为十二级，依次为：(1)首席大检察官，最高人民检察院检察长为首席大检察官；(2)大检察官，分为一级大检察官、二级大检察官；(3)高级检察官，分为一级高级检察官、二级高级检察官、三级高级检察官、四级高级检察官；(4)检察官，分为一级检察官、二级检察官、三级检察官、四级检察官、五级检察官。

在检察院中，检察官还分别担任检察长、副检察长、检察委员会委员、检察员和助理检察员，这是检察官的职务。检察官的等级不同于其职务，检察官的行政职务目前是参照公务员系统进行管理。

- **检察官的任职条件**
  - **自然条件**：具有中华人民共和国国籍；具有正常履行职责的身体条件
  - **政治条件**：拥护中华人民共和国宪法，拥护中国共产党领导和社会主义制度；具有良好的政治、业务素质和道德品行
  - **学历条件**：具备普通高等学校法学类本科学历并获得学士及以上学位；或者普通高等学校非法学类本科及以上学历并获得法律硕士、法学硕士及以上学位；或者普通高等学校非法学类本科及以上学历，获得其他相应学位，并具有法律专业知识。适用本规定的学历条件确有困难的地方，经最高人民检察院审核确定，在一定期限内，可以将担任检察官的学历条件放宽为高等学校本科毕业
  - **任职资格条件**：初任检察官应当通过国家统一法律职业资格考试取得法律职业资格；从事法律工作满五年；其中获得法律硕士、法学硕士学位，或者获得法学博士学位的，从事法律工作的年限可以分别放宽至四年、三年
  - **限制任职情形**：因犯罪受过刑事处罚的；被开除公职的；被吊销律师、公证员执业证书或者被仲裁委员会除名的；有法律规定的其他情形的

宪法修改程序

宪法修改的基本程序

宪法修改程序通常分为提案、审议、表决和公布四个阶段。

提案

根据现行宪法第六十四条的规定，全国人民代表大会常务委员会或者五分之一以上的全国人民代表大会代表有权提议修改宪法。中华人民共和国成立以来，修改宪法的建议历来都是由中共中央提出，这已成为我国的修宪惯例。中共中央成立宪法修改小组，专门负责这项工作。关于修改宪法的建议，一般都向全国人大常委会提出，由全国人大常委会讨论后依照现行宪法第六十四条的规定，提出宪

法修正案草案，提请全国人民代表大会审议。有时向全国人民代表大会主席团提出，经全国人民代表大会讨论后依照《宪法》第六十四条的规定，由五分之一以上的代表提出宪法修正案草案，提请代表大会审议。

审议

审议宪法修正案草案前，先由代表们听取全国人大常委会委员长（或副委员长）根据全国人大常委会的决定向大会作的关于宪法修正案草案的说明，然后对草案进行审议。

表决

根据现行宪法第六十四条的规定，宪法修改要由全国人民代表大会以全体代表的三分之二以上多数通过。

公布

实践中，宪法修正案由全国人民代表大会主席团以全国人民代表大会公告的形式公布。

第五部宪法修正案修改过程

顺应时代要求和人民意愿，站在新的历史方位，以习近平同志为核心的党中央从全局和战略高度作出修改宪法的重大决策，这是持续推进国家治理体系和治理能力现代化的历史性战略之举，顺应了新时代中国特色社会主义政治、经济、社会发展的新要求，汇聚了最广泛的民智民意民心，彰显了全党全国各族人民坚定不移走中国特色社会主义道路的坚定决心。

2017年12月15日，习近平在中南海主持召开党外人士座谈会，就中共中央关于修改宪法部分内容的建议听取各民主党派中央、全国工商联负责人和无党派人士代表的意见和建议。在认真听取了大家发言后，习近平作了重要讲话，指出：

"宪法是国家的根本法，是治国安邦的总章程，是党和人民意志的集中体现。新中国成立以来特别是改革开放近40年来，宪法在我们党治国理政实践中发挥了十分重要的作用。中共十八大以来，中共中央多次强调，坚持依法治国首先要坚持依宪治国，坚持依法执政首先要坚持依宪执政。修改宪法，是党和国家政治生活中的一件大事，是中共中央从新时代坚持和发展中国特色社会主义的全局和战略高度作出的重大政治决策，也是推进全面依法治国、推进国家治理体系和治理能力现代化的重大举措。

"我国宪法是一部好宪法。各民主党派和统一战线为我国宪法制度的形成和发展作出了重要贡献。宪法只有不断适应新形势才能具有持久生命力。中共中央决定对宪法进行适当修改，是经过反复考虑、综合方方面面情况作出的，目的是通过修改使我国宪法更好体现人民意志，更好体现中国特色社会主义制度的优势，更好适应提高中国共产党长期执政能力、推进全面依法治国、推进国家治理体系和治理能力现代化的要求。宪法修改，既要顺应党和人民事业发展要求，又要遵循宪法法律发展规律。

"宪法是党和人民意志的集中体现，是通过科学民主程序形成的国家根本法。修改宪法，是事关全局的重大政治活动和重大立法活动，必须在中共中央集中统一领导下进行，坚持党的领导、人民当家作主、依法治国有机统一，坚定中国特色社会主义道路自信、理论自信、制度自信、文化自信，坚定不移走中国特色社会主义政治发展道路和中国特色社会主义法治道路，确保修宪工作正确政治方向。

"宪法是人民的宪法，宪法修改要广察民情、广纳民意、广聚民智，充分体现人民的意志。希望大家深入思考，提出意见和建议。希望大家增强法治意识、强化法治观念，尊崇并带头遵守宪法法律，带动广大成员成为宪法的忠实崇尚者、自觉遵守者、坚定捍卫者。希望大家善用法治思维想问题、作判断、出措施，以法治凝聚共识、规范发展、化解矛盾、保障和谐，为实现中华民族伟大复兴凝聚人心、汇聚力量。"

2018年1月18日至19日，党的十九届二中全会审议通过了《中共中央关于修改宪法部分内容的建议》，对宪法修改作出重要部署。

2018 年1月26日，中共中央向全国人大常委会提出《中国共产党中央委员会关于修改宪法部分内容的建议》。习近平多次主持中央政治局常委会会议、中央政治局会议，审议草案稿，为下一阶段工作提出要求、指明方向。

2018年1月30日，全国人大常委会经审议和表决，提出《中华人民共和国宪法修正案(草案)》和《全国人民代表大会常务委员会关于提请审议〈中华人民共和国宪法修正案(草案)〉的议案》。在全国人民代表大会审议期间，2952名代表以各种方式提出意见。宪法修改小组举行十三次工作班子会议和四次全体会议，对各方面意见和建议进行汇总梳理、逐一研究。

2018年3月5日上午，一本本《中华人民共和国宪法修正案(草案)》整齐地摆放在出席第十三届全国人民代表大会第一次会议的每一名全国人大代表座席前。受第十二届全国人大常委会委托，第十二届全国人大常委会副委员长兼秘书长王晨向大会作关于宪法修正案草案的说明。3月11日下午3时许表决开始，最终通过了《中华人民共和国宪法修正案》。

这次宪法修改是中国特色社会主义民主政治的生动实践。一是顺应了时代发展的要求。中国特色社会主义进入新时代，对宪法作出与之相适应的修改，顺应了时代发展的需要和要求。同时，此次修改在保持宪法连续性、稳定性、权威性的基础上，推动宪法与时俱进、完善发展，是中国宪法发展的必由之路。二是体现了党和人民的共同意志。这次修改，充分发扬了民主，广泛凝聚各民主党派、各方爱国人士的共识，集中了各方面智慧。从党中央提出建议，到十二届全国人大常委会决定将宪法修正案草案提请本次大会审议，再到大会期间多次审议、补充完善、投票表决，既符合我国修改宪法的基本程序，又体现了党和人民意志的高度统一。

宪法修正案

“八二宪法”修正案的发展历程

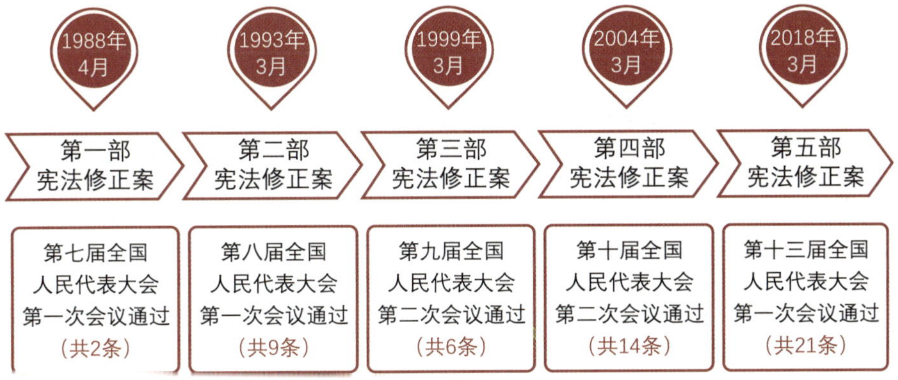

链接｜**宪法的全面修改和部分修改**

在我国，宪法的全面修改等同于宪法的制定，即宪法经过全面修改后，前一部宪法就被新的宪法所取代。我国历史上共有三次全面修改宪法，最后一次全面修改产生了“八二宪法”。

宪法的部分修改是对现行宪法中的部分条款进行修改。我国现行宪法自1982年公布实施后，共进行了五次部分修改，共产生了五部宪法修正案。

宪法修正案

“八二宪法”是一部具有中国特色的、适应新的历史时期社会主义现代化建设需要的宪法，是新中国成立以来最完备的一部宪法。

1988年2月27日，彭真在全国人大常委会委员长会议上指出，今后修改宪法，只对必须进行修改的条文作修正，整个宪法不作修改，这样有利于宪法稳定。我国过去的宪法修改，既有全面修改，也有局部修改。彭真认为修正案的方式“比我国过去修改宪法的办法好”。“八二宪法”明确规定了宪法的修改程序，第一次规定了宪法修改的提议程序，这体现了反对轻易修改宪法、维护宪法稳定的精神。此后，我国历次宪法修改均采用修正案方式。

“八二宪法”实施以来，为适应经济社会发展的客观需求，全国人民代表大会分别于1988年4月、1993年3月、1999年3月、2004年3月和2018年3月对现行宪法进行了五次修改，形成了52个条文的宪法修正案。

第一部宪法修正案

01 第十一条增加“国家允许私营经济在法律规定的范围内存在和发展。私营经济是社会主义公有制经济的补充。国家保护私营经济的合法的权利和利益，对私营经济实行引导、监督和管理。”

02 将第十条第四款有关条款修改为“任何组织或者个人不得侵占、买卖或者以其他形式非法转让土地。土地的使用权可以依照法律的规定转让。”

第二部宪法修正案

01 将“社会主义初级阶段”“建设有中国特色的社会主义”“改革开放”正式写入宪法

02 以“家庭联产承包为主的责任制”取代“人民公社”，以“市场经济”取代“计划经济”

第三部宪法修正案

01 将“邓小平理论”写进宪法序言，与马克思列宁主义、毛泽东思想一起，成为指引我国社会主义现代化建设的旗帜

02 明确中华人民共和国实行依法治国，建设社会主义法治国家

03 明确我国将长期处于社会主义初级阶段

04 确立我国的基本经济制度和分配制度

05 修改我国的农村生产经营制度

06 确立非公有制经济在社会主义市场经济中的地位

07 将“反革命的活动”修改为“危害国家安全的犯罪活动”

第四部宪法修正案

01 确立“三个代表”重要思想在国家政治和社会生活中的指导地位

02 将“公民的合法的私有财产不受侵犯”和“国家尊重和保障人权”写入宪法，成为两大亮点

第五部宪法修正案

01 确立科学发展观、习近平新时代中国特色社会主义思想在国家政治和社会生活中的指导地位

02 调整充实中国特色社会主义事业总体布局和第二个百年奋斗目标的内容

03 完善依法治国和宪法实施举措

04 充实完善我国革命和建设发展历程的内容

05 充实完善爱国统一战线和民族关系的内容

06 充实和平外交政策方面的内容

07 充实坚持和加强中国共产党全面领导的内容

08 增加倡导社会主义核心价值观的内容

09 修改国家主席任期方面的有关规定

10 增加设区的市制定地方性法规的规定

11 增加有关监察委员会的规定

12 修改全国人大专门委员会的有关规定

第五部宪法修正案

现行宪法序言第七自然段

原文	修改方式	修改后
“在马克思列宁主义、毛泽东思想、邓小平理论和‘三个代表’重要思想指引下”	修改为	“在马克思列宁主义、毛泽东思想、邓小平理论和‘三个代表’重要思想、科学发展观、习近平新时代中国特色社会主义思想指引下”
“健全社会主义法制”	修改为	“健全社会主义法治”
在“自力更生，艰苦奋斗”前	增写	“贯彻新发展理念”
“推动物质文明、政治文明和精神文明协调发展，把我国建设成为富强、民主、文明的社会主义国家”	修改为	“推动物质文明、政治文明、精神文明、社会文明、生态文明协调发展，把我国建设成为富强民主文明和谐美丽的社会主义现代化强国，实现中华民族伟大复兴”

现行宪法序言第十自然段

原文	修改方式	修改后
“在长期的革命和建设过程中”	修改为	“在长期的革命、建设、改革过程中”
“包括全体社会主义劳动者、社会主义事业的建设者、拥护社会主义的爱国者和拥护祖国统一的爱国者的广泛的爱国统一战线”	修改为	“包括全体社会主义劳动者、社会主义事业的建设者、拥护社会主义的爱国者、拥护祖国统一和致力于中华民族伟大复兴的爱国者的广泛的爱国统一战线”

现行宪法序言第十一自然段

“平等、团结、互助的社会主义民族关系已经确立，并将继续加强。”	修改为	“平等团结互助和谐的社会主义民族关系已经确立，并将继续加强。”

现行宪法序言第十二自然段

“中国革命和建设的成就是同世界人民的支持分不开的”	修改为	“中国革命、建设、改革的成就是同世界人民的支持分不开的”
“中国坚持独立自主的对外政策，坚持互相尊重主权和领土完整、互不侵犯、互不干涉内政、平等互利、和平共处的五项原则”后	增加	“坚持和平发展道路，坚持互利共赢开放战略”
“发展同各国的外交关系和经济、文化的交流”	修改为	“发展同各国的外交关系和经济、文化交流，推动构建人类命运共同体”

现行宪法第一条第二款

“社会主义制度是中华人民共和国的根本制度。”后	增写	“中国共产党领导是中国特色社会主义最本质的特征。”

现行宪法第三条第三款

“国家行政机关、审判机关、检察机关都由人民代表大会产生，对它负责，受它监督。”

修改为

“国家行政机关、监察机关、审判机关、检察机关都由人民代表大会产生，对它负责，受它监督。”

现行宪法第四条第一款

“国家保障各少数民族的合法的权利和利益，维护和发展各民族的平等、团结、互助关系。”

修改为

“国家保障各少数民族的合法的权利和利益，维护和发展各民族的平等团结互助和谐关系。”

现行宪法第二十四条第二款

“国家提倡爱祖国、爱人民、爱劳动、爱科学、爱社会主义的公德”

修改为

“国家倡导社会主义核心价值观，提倡爱祖国、爱人民、爱劳动、爱科学、爱社会主义的公德”

现行宪法第二十七条

增加一款作为第三款

“国家工作人员就职时应当依照法律规定公开进行宪法宣誓。”

现行宪法第六十二条

在“全国人民代表大会行使下列职权”中

增加一项作为第七项

“（七）选举国家监察委员会主任”

现行宪法第六十三条

在“全国人民代表大会有权罢免下列人员”中

增加一项作为第四项

“（四）国家监察委员会主任”

现行宪法第六十五条第四款

“全国人民代表大会常务委员会的组成人员不得担任国家行政机关、审判机关和检察机关的职务。”

修改为

“全国人民代表大会常务委员会的组成人员不得担任国家行政机关、监察机关、审判机关和检察机关的职务。”

现行宪法第六十七条

“全国人民代表大会常务委员会行使下列职权”中“（六）监督国务院、中央军事委员会、最高人民法院和最高人民检察院的工作”

修改为

“(六)监督国务院、中央军事委员会、国家监察委员会、最高人民法院和最高人民检察院的工作”

在“全国人民代表大会常务委员会行使下列职权”中

增加一项作为第十一项

“（十一）根据国家监察委员会主任的提请，任免国家监察委员会副主任、委员”

现行宪法第七十条第一款

"全国人民代表大会设立民族委员会、法律委员会、财政经济委员会、教育科学文化卫生委员会、外事委员会、华侨委员会和其他需要设立的专门委员会。"

修改为

"全国人民代表大会设立民族委员会、宪法和法律委员会、财政经济委员会、教育科学文化卫生委员会、外事委员会、华侨委员会和其他需要设立的专门委员会。"

现行宪法第七十九条第三款

"中华人民共和国主席、副主席每届任期同全国人民代表大会每届任期相同，连续任职不得超过两届。"

修改为

"中华人民共和国主席、副主席每届任期同全国人民代表大会每届任期相同。"

现行宪法第八十九条

在"国务院行使下列职权"中"（六）领导和管理经济工作和城乡建设"

修改为

"（六）领导和管理经济工作和城乡建设、生态文明建设"

"（八）领导和管理民政、公安、司法行政和监察等工作"

修改为

"（八）领导和管理民政、公安、司法行政等工作"

现行宪法第一百条

增加一款作为第二款

"设区的市的人民代表大会和它们的常务委员会,在不同宪法、法律、行政法规和本省、自治区的地方性法规相抵触的前提下,可以依照法律规定制定地方性法规,报本省、自治区人民代表大会常务委员会批准后施行。"

现行宪法第一百零一条第二款

"县级以上的地方各级人民代表大会选举并且有权罢免本级人民法院院长和本级人民检察院检察长。"

修改为

"县级以上的地方各级人民代表大会选举并且有权罢免本级监察委员会主任、本级人民法院院长和本级人民检察院检察长。"

现行宪法第一百零三条第三款

"县级以上的地方各级人民代表大会常务委员会的组成人员不得担任国家行政机关、审判机关和检察机关的职务。"

修改为

"县级以上的地方各级人民代表大会常务委员会的组成人员不得担任国家行政机关、监察机关、审判机关和检察机关的职务。"

现行宪法第一百零四条

"监督本级人民政府、人民法院和人民检察院的工作"

修改为

"监督本级人民政府、监察委员会、人民法院和人民检察院的工作"

现行宪法第一百零七条第一款

"县级以上地方各级人民政府依照法律规定的权限，管理本行政区域内的经济、教育、科学、文化、卫生、体育事业、城乡建设事业和财政、民政、公安、民族事务、司法行政、监察、计划生育等行政工作，发布决定和命令，任免、培训、考核和奖惩行政工作人员。"

修改为

"县级以上地方各级人民政府依照法律规定的权限，管理本行政区域内的经济、教育、科学、文化、卫生、体育事业、城乡建设事业和财政、民政、公安、民族事务、司法行政、计划生育等行政工作，发布决定和命令，任免、培训、考核和奖惩行政工作人员。"

现行宪法第三章　国家机构

增加一节作为第七节

第七节　监察委员会

第一百二十三条　中华人民共和国各级监察委员会是国家的监察机关。

第一百二十四条　中华人民共和国设立国家监察委员会和地方各级监察委员会。

监察委员会由下列人员组成：

主任，

副主任若干人，

委员若干人。

监察委员会主任每届任期同本级人民代表大会每届任期相同。国家监察委员会主任连续任职不得超过两届。

监察委员会的组织和职权由法律规定。

第一百二十五条　中华人民共和国国家监察委员会是最高监察机关。

国家监察委员会领导地方各级监察委员会的工作，上级监察委员会领导下级监察委员会的工作。

第一百二十六条　国家监察委员会对全国人民代表大会和全国人民代表大会常务委员会负责。地方各级监察委员会对产生它的国家权力机关和上一级监察委员会负责。

第一百二十七条　监察委员会依照法律规定独立行使监察权，不受行政机关、社会团体和个人的干涉。

监察机关办理职务违法和职务犯罪案件，应当与审判机关、检察机关、执法部门互相配合，互相制约。

宪法权威

> **宪法具有最高的法律地位、法律权威、法律效力。**
>
> **——习近平**

依宪治国

宪法在依法治国中具有特殊地位和重要作用。首先，宪法是国家的根本法，是治国安邦的总章程，是党和人民意志的集中体现。其次，宪法是国家法律法规和各种制度的总依据，是中国特色社会主义法律体系的核心和统帅。最后，宪法规定了国家的根本制度、根本任务、发展道路、奋斗目标和大政方针，为国家各项事业的发展指明了方向。

从我国宪法制度的发展历程可以清楚地看到，宪法与国家前途、人民命运息息相关。什么时候我们切实尊重和有效实施宪法，人民当家作主就有保证，党和国家事业就能顺利发展；什么时候宪法受到漠视、削弱甚至破坏，人民权利和自由就无法保证，党和国家事业就会遭受挫折。维护宪法权威，就是维护党和人民共同意志的权威；捍卫宪法尊严，就是捍卫党和人民共同意志的尊严。可以说，维护宪法尊严和权威，是维护国家法制尊严和权威的基本前提，也是维护最广大人民根本利益、确保国家长治久安的重要保障。

依宪治国强调宪法的特殊重要作用。2004年，胡锦涛在纪念全国人民代表大会成立50周年大会上，明确提出："依法治国首先要依宪治国，依法执政首先要依宪执政。宪法和法律是党的主张和人民意志相统一的体现，是中国革命、建设、改革伟大实践的科学总结。"

这是党中央第一次提出“依法治国首先是依宪治国”。2012年12月4日，习近平在首都各界纪念现行宪法公布施行30周年大会上进一步指出：“依法治国，首先是依宪治国；依法执政，关键是依宪执政。新形势下，我们党要履行好执政兴国的重大职责，必须依据党章从严治党、依据宪法治国理政。”

2014年10月，党的十八届四中全会通过的《中共中央关于全面推进依法治国若干重大问题的决定》指出：全面推进依法治国，要完善以宪法为核心的中国特色社会主义法律体系，加强宪法实施。坚持依法治国首先要坚持依宪治国，坚持依法执政首先要坚持依宪执政。这是依宪治国这一表述首次被写入中央全会的文件中。

合宪性审查

合宪性审查是由特定国家机关根据特定的程序和方式对法律规范性文件是否符合宪法进行审查并作出处理的制度。合宪性审查的目的是保证法律规范性文件与宪法相一致，依法撤销和纠正违宪违法的规范性文件，保障宪法实施，维护宪法权威。

2014年10月20日，习近平在《关于〈中共中央关于全面推进依法治国若干重大问题的决定〉的说明》中指出：“党的十八届三中全会提出，要进一步健全宪法实施监督机制和程序，把实施宪法要求提高到一个新水平。这次全会决定进一步提出，完善全国人大及其常委会宪法监督制度，健全宪法解释程序机制；加强备案审查制度和能力建设，依法撤销和纠正违宪违法的规范性文件。”《中共中央关于全面推进依法治国若干重大问题的决定》要求，全国各族人民、一切国家机关和武装力量、各政党和各社会团体、各企业事业组织，都必须以宪法为根本的活动准则，并且负有维护宪法尊严、保证宪法实施的职责。一切违反宪法的行为都必须予以追究和纠正。

党的十九大报告首次正式提出："加强宪法实施和监督，推进合宪性审查工作，维护宪法权威。"2018年2月24日，在第十九届中央政治局第四次集体学习时，习近平指出："要完善宪法监督制度，积极稳妥推进合宪性审查工作，加强备案审查制度和能力建设。"2018年3月13日，第十三届全国人民代表大会第一次会议通过《关于设立第十三届全国人民代表大会专门委员会的决定》，设立宪法和法律委员会。根据2018年6月22日第十三届全国人大常委会第三次会议通过的《关于全国人民代表大会宪法和法律委员会职责问题的决定》的规定，宪法和法律委员会在继续承担统一审议法律草案等工作的基础上，增加推动宪法实施、开展宪法解释、推进合宪性审查、加强宪法监督、配合宪法宣传等工作职责。

党的二十大报告进一步强调：加强宪法实施和监督，健全保证宪法全面实施的制度体系，更好发挥宪法在治国理政中的重要作用。

国家宪法日

国家宪法日的设立

2014年11月1日，第十二届全国人大常委会第十一次会议决定：

链接｜其他国家的宪法日

丹麦的宪法日是6月5日，是丹麦的法定节日，以纪念1849年通过的第一部宪法。美国的宪法日是9月17日，纪念美国1787年宪法。挪威的宪法日又名"五月十七日节"，这一天也是挪威的国庆日。泰国宪法日是12月10日，以纪念泰国历史上首次民主立宪活动。波兰宪法日是5月3日，以纪念1791年波兰通过的第一部宪法。日本的宪法日是5月3日，以纪念1947年实施的"和平宪法"。

将“八二宪法”颁行日期12月4日设立为国家宪法日。以国家立法形式设立国家宪法日，充分体现了我国建设法治国家的决心。

全国人民代表大会常务委员会关于设立国家宪法日的决定

（2014年11月1日第十二届全国人民代表大会常务委员会第十一次会议通过）

1982年12月4日，第五届全国人民代表大会第五次会议通过了现行的《中华人民共和国宪法》。现行宪法是对1954年制定的新中国第一部宪法的继承和发展。宪法是国家的根本法，是治国安邦的总章程，具有最高的法律地位、法律权威、法律效力。全面贯彻实施宪法，是全面推进依法治国、建设社会主义法治国家的首要任务和基础性工作。全国各族人民、一切国家机关和武装力量、各政党和各社会团体、各企业事业组织，都必须以宪法为根本的活动准则，并且负有维护宪法尊严、保证宪法实施的职责。任何组织或者个人都不得有超越宪法和法律的特权，一切违反宪法和法律的行为都必须予以追究。为了增强全社会的宪法意识，弘扬宪法精神，加强宪法实施，全面推进依法治国，第十二届全国人民代表大会常务委员会第十一次会议决定：

将12月4日设立为国家宪法日。国家通过多种形式开展宪法宣传教育活动。

宪法宣誓

宪法宣誓制度的确立

2014年10月，党的十八届四中全会通过《中共中央关于全面推进依法治国若干重大问题的决定》，首次确立了宪法宣誓制度，提出：“建立宪法宣誓制度，凡经人大及其常委会选举或者决定任命的国家工作人员正式就职时公开向宪法宣誓。”

习近平在《关于〈中共中央关于全面推进依法治国若干重大问题的决定〉的说明》中指出，宪法宣誓制度有利于彰显宪法权威，增强公职人员宪法观念，激励公职人员忠于和维护宪法，也有利于在全社会增强宪法意识、树立宪法权威。

2015年7月1日，第十二届全国人大常委会第十五次会议通过了

《全国人民代表大会常务委员会关于实行宪法宣誓制度的决定》，并于2018年2月加以修订，规定“各级人民代表大会及县级以上各级人民代表大会常务委员会选举或者决定任命的国家工作人员，以及各级人民政府、监察委员会、人民法院、人民检察院任命的国家工作人员，在就职时应当公开进行宪法宣誓”。

2018年3月11日，现行宪法第五次修正时在宪法第二十七条中增加一款“国家工作人员就职时应当依照法律规定公开进行宪法宣誓”。这一重要修改将宣誓制度上升到宪法层面，充分体现了以习近平同志为核心的党中央坚持依法治国、维护宪法权威的决心。

宪法宣誓仪式

根据《全国人民代表大会常务委员会关于实行宪法宣誓制度的决定》以及《中华人民共和国国旗法》《中华人民共和国国歌法》《中华人民共和国国徽法》的相关规定，宣誓仪式根据情况，可以采取单独宣誓或者集体宣誓的形式。单独宣誓时，宣誓人应当左手抚按《中华人民共和国宪法》，右手举拳，诵读誓词。集体宣誓时，由一人领誓，领誓人左手抚按《中华人民共和国宪法》，右手举拳，领诵誓词；其他宣誓人整齐排列，右手举拳，跟诵誓词。宣誓场所应当庄重、严肃，悬挂中华人民共和国国旗、国徽。宣誓仪式应当奏唱中华人民共和国国歌。

链接｜**宪法宣誓制度的由来**

宪法宣誓制度由来已久。1919年德国的《魏玛宪法》首次规定国家公职人员就职时必须宣誓效忠宪法。这一制度对增强宪法意识、促进宪法实施起到了积极作用，得到很多国家的效仿。据统计，联合国193个会员国中明确规定宪法宣誓制度的国家有177个。

宪法宣誓誓词
我宣誓：
忠于中华人民共和国宪法，维护宪法权威，履行法定职责，忠于祖国、忠于人民，恪尽职守、廉洁奉公，接受人民监督，为建设富强民主文明和谐美丽的社会主义现代化强国努力奋斗！

参考文献

论文类

1.陈扬勇:《〈共同纲领〉出台的始末》,载《人民之友》2011年第8期。

2.张岩:《〈共同纲领〉诞生的台前幕后》,载《党史纵横》2010年第9期。

3.刘书祥:《〈共同纲领〉的历史地位和意义》,载《求知》2009年第8期。

4.徐峰:《"国家宪法日"的故事》,载《人民法治》2019年第23期。

5.阚珂:《"国家宪法日"为啥定在12月4日》,载《中国人大》2015年第23期。

6.张素君:《〈钦定宪法大纲〉代笔者董康对近代法制的贡献》,载《兰台世界》2014年第14期。

7.马建红:《〈钦定宪法大纲〉:清末宪政观的制度载体》,载《湖南社会科学》2008年第6期。

8.赵晓耕、何民捷:从《"三三制"与"三个代表"——从〈陕甘宁边区施政纲领〉说起》,载《河南省政法管理干部学院学报》2003年第4期。

9.韩大梅:《〈陕甘宁边区宪法原则〉论析》,载《中共中央党校学报》2004年第1期。

10.杨培田:《“五四”宪法诞生记》,载《楚天主人》2002年第12期。

11.王琴:《“五四宪法”诞生记》,载《党史博采》2005年第2期。

12.杨培田:《“五四宪法”诞生记》,载《山东人大工作》2002年第11期。

13.焦洪昌、王放:《“五四宪法”的“社会主义”规范入宪——依宪执政的探索与实践》,载《法学杂志》2014年第12期。

14.韩大元:《“五四宪法”的历史地位与时代精神》,载《中国法学》2014年第4期。

15.支振锋:《“五四宪法”的命运与际遇》,载《理论视野》2009年第9期。

16.刘旺洪:《“五四宪法”与当代中国宪政制度现代化——纪念“五四宪法”诞辰五十四周年》,载《法制与社会发展》2008年第6期。

17.王冠群:《“五四宪法”与中国特色社会主义民主政治建设——纪念“五四宪法”颁布 60 周年》,载《社会主义研究》2014年第5期。

18.刘旺洪:《〈中华民国临时约法〉的文化透视》,载《江苏社会科学》1991年第4期。

19.张学继:《〈中华民国临时约法〉与法兰西〈第二共和国宪法〉的比较研究》,载《浙江社会科学》2011年第11期。

20.张兆平、吕治伟:《〈中华苏维埃共和国宪法大纲〉产生的历史条件》,载《邢台学院学报》2009年第1期。

21.张立群:《〈中华苏维埃共和国宪法大纲〉的历史地位和伟大

意义》,载《攀登》2001年专刊。

22.黄黎:《1949:中国人民政治协商会议召开纪实》,载《党史博采(纪实)》2009年第9期。

23.秦强:《百年宪政进程中的宪法结构及其发展特点》,载《湖南社会科学》2008年第6期。

24.王小鸿:《从〈共同纲领〉到四项基本原则——多党合作的政治基础》,载《团结》2002年第1期。

25.刘山鹰:《从〈共同纲领〉到五四宪法》,载《炎黄春秋》2014年第9期。

26.赵云峰:《从〈中华苏维埃共和国宪法大纲〉看毛泽东早期法律思想的特点》,载《忻州师范学院学报》2005年第4期。

27.陈胜强:《从"总章程"到"国家根本法"——现行宪法颁行以来的"宪法概念"史》,载《西部法学评论》2012年第5期。

28.杜强强:《从宪法修正案看我国修宪方式和程序的完善》,载《政治与法律》2018年第6期。

29.蒋传光:《当代中国宪政理论与实践的探索和发展——以1949年以来宪法的变迁为视角》,载《西南师范大学学报(人文社会科学版)》2005年第4期。

30.陈云生:《公民基本权利和义务的法律特征》,载《政治与法律》1985年第6期。

31.李艳玉:《共和国从这里奠基》,载《陕西档案》1999年第5期。

32.南山:《共和国临时宪法出台始末》,载《党史博览》2003年第7期。

33.任严:《共同纲领与我国的根本政治制度(上)》,载《中国人大》2010年第9期。

34.任严:《共同纲领与我国的根本政治制度(下)》,载《中国人大》2010年第10期。

35.黄颖:《国际法规则的"宪法功能":国际法与宪法的关系初探》,载《云南财经大学学报(社会科学版)》2010年第4期。

36.焦洪昌、王放:《国家宪法日内涵解析》,载《行政管理改革》2014年第11期。

37.韩大元:《基本权利概念在中国的起源与演变》,载《中国法学》2009年第6期。

38.李飞、许崇德等:《纪念五四宪法颁布暨全国人民代表大会成立五十周年理论研讨会纪要》,载《法学研究》2004年第6期。

39.韩大元:《坚守诚信的价值理念》,载《法制资讯》2011年第1期。

40.韩大元:《简论法治中国与法治国家的关系》,载《法制与社会发展》2013年第5期。

41.顾行超:《开辟中国历史的新纪元——解读〈中国人民政治协商会议共同纲领〉》,载《上海市社会主义学院学报》2009年第4期。

42.韩大元:《论1949年〈共同纲领〉的制定权》,载《中国法学》2010年第5期。

43.韩大元:《论全国人民代表大会之宪法地位》,载《法学评论》2013年第6期。

44.韩大元:《论日本明治宪法对〈钦定宪法大纲〉的影响——为〈钦定宪法大纲〉颁布 100 周年而作》,载《政法论坛》2009年第3期。

45.韩大元:《论宪法权威》,载《法学》2013年第5期。

46.周叶中:《论宪法权威》,载《学习与探索》1993年第2期。

47.汪明琨:《论宪法宣誓制度的要素——以典型国家的宣誓规定为借鉴》,载《湖北警官学院学报》2015年第2期。

48.李步云:《略论公民的基本权利和义务——对宪法修改草案的一点认识》,载《学习与研究》1982年第6期。

49.马崟伯:《毛泽东:新中国宪法的奠基人——纪念毛泽东诞辰110周年》,载《当代思潮》2003年第6期。

50.邹奕:《毛泽东对“五四宪法”文本与实施的影响》,载《南昌高专学报》2009年第3期。

51.夏远生:《毛泽东为新中国绘制建国蓝图》,载《党史文汇》2013年第7期。

52.张成洁:《毛泽东与五四宪法》,载《青海社会科学》2006年第1期。

53.李振:《毛泽东主持制定新中国第一部宪法的政治智慧》,载《湘潮》2016年第9期。

54.秦强:《人权入宪与人权条款的入宪模式》,载《南阳师范学院学报》2012年第2期。

55.韩大元:《认真对待我国宪法文本》,载《清华法学》2012年第6期。

56.臧运祜:《孙中山五权宪法思想的演进》,载《史学月刊》2007年第8期。

57.郭绪印:《孙中山与〈中华民国临时约法〉》,载《上海师范大学学报(哲学社会科学版)》2013年第3期。

58.新华社记者:《为中华民族伟大复兴提供根本法治保障——〈中华人民共和国宪法修正案〉诞生记》,载《党的生活(黑龙江)》2018年第1期。

59.袁曙宏、杨伟东:《我国法治建设三十年回顾与前瞻——关于中国法治历程、作用和发展趋势的思考》,载《中国法学》2009年第1期。

60.周胜年:《我国宪法修改程序的宪政分析》,载《学校党建与思想教育》2011年第18期。

61.杨化南:《我国宪法中公民的基本权利和义务》,载《法学研究》1954年第3期。

62.朱黎明:《五四宪法的诞生与毛泽东的宪政思想》,载《甘肃行政学院学报》2004年第1期。

63.杨宏伟:《西柏坡:依法治国在这里启航》,载《党史博采(理论)》2015年第4期。

64.新华社:《习近平对"五四宪法"历史资料陈列馆作出重要指示强调　普及宪法知识增强宪法意识　弘扬宪法精神推动宪法实施》,载《中国人大》2016年第23期。

65.莫纪宏:《习近平依宪治理思想的形成及其特征》,载《法学杂志》2016年第5期。

66.莫纪宏:《宪法程序的类型以及功能》,载《政法论坛》2003年第2期。

67.周林刚:《宪法概念的变革——从〈共同纲领〉到"五四宪法"》,载《法制与社会发展》2013年第6期。

68.王广辉:《宪法概念解析》,载《中国宪法年刊(2006)》。

69.吕宁:《宪法功能刍论》,载《湖北社会科学》2009年第4期。

70.徐国利:《宪法功能及其合理定位》,载《江西社会科学》2003年第10期。

71.张燕、徐继强:《宪法结构、宪法序言与我国的宪制根基——

兼论全面深化改革的宪法之维》，载《山东社会科学》2015年第2期。

72.崔为中:《宪法结构的比较研究》，载《法学评论》1996年第1期。

73.王桥波:《宪法日和宪法宣誓制度的法治文化意义》，载《人民法治》2019年第23期。

74.熊文钊:《宪法是什么？》，载《江苏社会科学》2002年第1期。

75.王广辉:《宪法为根本法之演进》，载《法学研究》2000年第2期。

76.董和平:《宪法修改的基本经验与中国宪法的发展》，载《中国法学》2012年第4期。

77.周叶中:《宪法与公民生活息息相关——关于树立我国宪法权威的一点思考》，载《求是》2004年第11期。

78.柳岚生:《新宪法草案中公民基本权利和义务的特点》，载《社会科学》1982年第6期。

79.肖金明:《新中国宪法政治发展的回顾与展望》，载《法学论坛》2018年第3期。

80.谭旭孙:《彰显宪法权威与尊严的有效实施形式——关于我国宪法宣誓制度的若干思考》，载《中国井冈山干部学院学报》2015年第2期。

81.王文:《中国革命历史上的第一部根本大法——中华苏维埃共和国宪法大纲》，载《吉林人大》2005年第12期。

82.陈子平:《中国共产党重要的历史政治文献——记〈陕甘宁边区施政纲领〉的颁布》，载《陕西档案》2016年第1期。

83.张伟明:《中国国家博物馆藏〈陕甘宁边区施政纲领〉研究》，

载《中国国家博物馆馆刊》2019年第7期。

84.韩大元、孟凡壮:《中国社会变迁六十年的公民宪法意识》,载《中国社会科学》2014年第12期。

85.李适时:《尊崇宪法精神　维护宪法权威》,载《求是》2013年第1期。

86.郑贤君:《作为根本法的宪法:何谓根本》,载《中国法学》2007年第4期。

87.周林刚:《作为基本法的〈共同纲领〉——1949年“建国”的正当性原理及其宪法意义》,载《华东政法大学学报》2018年第3期。

88.于化民:《多党合作与民主新政——论中共统一战线思想在筹备建国过程中的运用与发展》,载《史学月刊》2020年第11期。

89.赖静萍、闫小波:《接续抑或更张:从“新政协”到“人民政协”》,载《吉林大学社会科学学报》2021年第2期。

90.赵连稳、邱雅楠:《人民政协作为中国特色制度安排确立的历史演进》,载《统一战线学研究》2019年第6期。

91.邸乘光:《立国之本与中国特色社会主义根本制度》,载《观察与思考》2019年第12期。

92.钱福永、刘宝山:《我国实行人民代表大会制度的必然逻辑》,载《人大研究》2020年第5期。

93.李连宁:《我国人民代表大会制度的特征和优势》,载《人民论坛》2021年第4期。

94.万其刚:《我国人民代表大会制度的艰辛探索和初步形成》,载《中共四川省委党校学报》2020年第3期。

95.温金童:《陕甘边区苏维埃政府与人民代表大会制度的雏形》,载《人大研究》2020年第7期。

96.席文启:《人民代表大会制度中的民主集中制原则》,载《新视野》2021年第1期。

97.田洪俊:《人民代表大会制度的内在逻辑》,载《前线》2019年第4期。

98.陈晓丹、吴海燕:《人民代表大会制度创立的来龙去脉——以“毛泽东思想和中国特色社会主义理论体系概论”课程为例》,载《佳木斯职业学院学报》2018年第12期。

99.杨振武:《人民代表大会制度,是“中国之治”蕴含的重要制度密码——努力把好制度的故事讲好》,载《北京日报》2021年1月25日,第020版。

100.石佑启:《论新时代人民代表大会制度的完善发展》,载《广东社会科学》2020年第3期。

101.《两会时间,让世界读懂“中国之治”》,载《河南日报》2021年3月6日,第 002 版。

102.周萌:《中华苏维埃时期对人民代表大会制度的初始探索实践》,载《中国人大》2019年第7期。

103.刘染:《〈论人民民主专政〉中的建国思想》,载《国家电网》2019年第9期。

104.靳书君、李永杰:《“无产阶级专政”概念中国化考证与疏义》,载《党史研究与教学》2019年第2期。

105.张冠军:《从新中国到新时代:七十年发展进程的逻辑转换——〈论人民民主专政〉发表七十周年的新解读》,载《毛泽东思想研究》2019年第5期。

106.牛媛媛、张灏:《论人民民主专政的历史渊源及时代价值》,载《法制与社会》2019年第19期。

107.蒋建农：《毛泽东人民民主专政学说的发展轨迹与主要特征》，载《吉林大学社会科学学报》2019年第5期。

108.韩勤英：《新中国的一块重要奠基石——毛泽东〈论人民民主专政〉诞生记》，载《党员文摘》2019年第6期。

109.宋剑桥：《从〈平“语”近人——习近平总书记用典〉谈社会主义核心价值观传播路径》，载《科技传播》2019年第14期。

110.孙健、杨玲：《党的十八大以来社会主义核心价值观研究：回顾与进路》，载《社会主义核心价值观研究》2019年第6期。

111.赵国龙、王宝治：《改革开放以来社会主义核心价值观的逻辑生成与实践演进》，载《党史博采（下）》2020年第7期。

112.刘荣：《坚持社会主义核心价值体系的文化向度》，载《齐鲁艺苑》2019年第 5 期。

113.杨旭：《理解社会主义核心价值观的三个维度》，载《法制与社会》2020年第17期。

114.黄蓉生、石海君：《习近平关于社会主义核心价值观重要论述的基本要义》，载《社会主义核心价值观研究》2019年第3期。

115.刘志刚：《宪法与社会主义核心价值观融合发展的法理逻辑》，载《求索》2021年第2期。

图书类

1.莫纪宏、翟国强主编：《宪法学的新发展》，中国社会科学出版社2014年版。

2.韩大元：《1954年宪法制定过程》，法律出版社2014年版。

3.全国“七五”普法统编教材编写组编：《青少年宪法读本》，法律出版社2016年版。

4.本书编写组编:《图说宪法》,法律出版社2015年版。

5.全国“七五”普法统编教材编写组编:《公民宪法读本》,法律出版社2016年版。

6.“五四宪法”历史资料陈列馆、杭州五四宪法历史资料研究会编著:《毛泽东在杭州的77天——新中国第一部宪法诞生记》,中央文献出版社2023年版。